Wilfried Koch

Es tut gut katholisch zu denken

Wilfried Koch

Es tut gut katholisch zu denken

Gegenreden zum Üblichen

Fromm Verlag

Imprint
Any brand names and product names mentioned in this book are subject to trademark, brand or patent protection and are trademarks or registered trademarks of their respective holders. The use of brand names, product names, common names, trade names, product descriptions etc. even without a particular marking in this work is in no way to be construed to mean that such names may be regarded as unrestricted in respect of trademark and brand protection legislation and could thus be used by anyone.

Cover image: www.ingimage.com

Publisher:
Fromm Verlag
is a trademark of
International Book Market Service Ltd., member of OmniScriptum Publishing Group
17 Meldrum Street, Beau Bassin 71504, Mauritius

Printed at: see last page
ISBN: 978-620-2-44162-9

Wilfried Koch

Es tut gut, katholisch zu denken

Gegenreden zum Üblichen

Wilfried Koch

Es tut gut, katholisch zu denken

Gegenreden zum Üblichen
Gedanken-Blitze – Wort-Spiele – Wort-Schatz des Glaubens

Fromm

INHALT

Vor jedem Wort

Kommt sie wieder, die Zeit...wo wir nicht mehr sagen dürfen, was wir von den Dächern rufen sollen, weil der Herr es uns befohlen hat? Kommt sie, die Zeit…wo ein Schulkind in der Schule kein Kreuzchen tragen, geschweige denn ein Kreuz dort hängen darf?
…wo eine Ordensfrau in der Schule kein Ordensgewand tragen darf, und ein Priester, der sich als solcher kleidet, dort keinen Zutritt mehr haben wird?
…wo man es Diskriminierung nennt, wenn wir göttliche Wahrheiten aussprechen?
…wo die Ehe von Mann und Frau zum Ladenhüter geworden ist und wo das Töten von Kindern im Mutterschoß zum Recht erklärt wird?
Kommt sie, die Zeit…wo wir uns nicht mehr trauen, zu sagen, was wir denken und glauben, wo wir meinen, uns entschuldigen zu müssen, weil wir katholisch sind?
Ist sie nicht schon da, diese Zeit, da und dort, in diesem und jenem Gerichtsbeschluss oder Gesetz, in Gesetzesentwürfen des europäischen Parlaments, in der öffentlichen Meinung, in unserer eigenen Phantasie und Angst?
Wo uns vor lauter Toleranz verboten wird, in unserem Gesicht nach Christen auszusehen!

Kommt sie, die Zeit…
…wo wir selbst nicht mehr wissen, wer wir sind als Christen und Katholiken. und welche Wahrheiten wir zu bieten haben für ein glückendes Menschenleben nach Gottes Plan, wo uns selbst alles gleichgültig und gleich gültig ist und wir uns zurückziehen werden in die Keller der Verborgenheit? Nur ja nicht auffallen!

Oder mischen wir uns unverschämt, also ohne Scham, als Salz und Sauerteig und Licht ins Gemenge der Welt und machen wir´s wie die Christen am Anfang, die als kleine Minderheit die Welt verändert haben?!

Vorwort

Es tut gut, katholisch zu denken – Gegenreden zum Üblichen
darum kreisen alle Texte dieses Buches. In ihm habe ich Gedanken-Blitze, Wort-Spiele, Ein-Gebungen und den Wort-Schatz meines Glaubens und Denkens versammelt, die ich seit Jahr und Tag in mein Tagebuch aufgeschrieben oder für Anlässe formuliert habe: Nachdenken über den Glauben, die Werte, über Gott und die Welt, wie man so sagt – als Gegenrede zum Üblichen.
In all diesen Texten kommt m e i n e Sicht des „katholisch zu denken“ an den Tag. Dem muss nicht jeder zustimmen. Spätestens, seitdem ich das erste Mal ein Buch von Joseph Ratzinger, dem späteren Papst Benedikt XVI. gelesen habe, habe ich den Wert des „katholisch zu denken...“ neu entdeckt: als einen wertsteigernden Beitrag für mein Leben.
Die in diesem Buch enthaltenen Aussagen beruhen alle auf meinem Verständnis von katholischem Denken. Sie bringen meines Erachtens vieles auf den Punkt, was im Moment in der Luft liegt, an Entwicklungen und Trends, und versuchen dies zu benennen – und gegenzureden.
Dass die folgenden Texte oft plakativ, schwarz-weiß sind, gebe ich zu. Dies soll so sein, damit sie anregen, vielleicht aufregen, in jedem Fall Regung bringen und Bewegung. Ich bin niemand gram, wenn und weil er in manchen Dingen anders denkt.
Die Texte sind Einladungen zum Nachdenken.
Es tut gut katholisch zu denken – das ist auch die Überschrift über das Kapitel 1 mit rund 140 Aussagen, die ich einmal als eine Art von „Werbetafeln“ entwickelt habe, mit denen man „werben“ kann für eine andere Sicht auf die Dinge unserer Lebens und unserer Gesellschaft – aus der Sicht eines Glaubenden – gegen die Macht der Gewohnheit
Kapitel 2 enthält alltägliche Aussagen, Floskeln und Alltagsphrasen, die durch die Beigabe von Gegen-Sätzen in ihr Gegenteil verkehrt werden und plötzlich zu „leuchten“ beginnen.
Kapitel 3: das sind gesammelte Gedanken-Blitze, Wort-Spiele, Aphorismen, Betrachtungen, Ausfaltungen von Themen. Sätze rund um das Wort.
Und das Kapitel 4 enthält ein leidenschaftliches Plädoyer für die Nachfolge auf dem Weg Christi und für eine kantigen und fetzigen Glauben.
Last but not least bringt Kapitel 5 eine glossenhafte Gegenüberstellung von „Kirchlichen Einladungen und Ankündigungen – früher und heute“ (teilweise in der Praxis aufgesammelt und karikiert aufgeschrieben), sowie Glossen über den Beifall in der Kirche. *Ich widme dieses Büchlein allen Mitchristen, die mutig wider den Strom reden und gegen den Sturm säen...gelegen oder ungelegen.*

Wilfried Koch

Kapitel 1
Es tut gut katholisch zu denken
Sätze gegen die Macht der Gewohnheit

Katholisch heißt: die ganze Wahrheit ist gemeint und nichts wird ausgelassen.
Auch wenn es im Augenblick noch nicht erfasst werden kann.

Es bedeutet, glauben auf Hoffnung hin, dass ich eines Tages die Fülle verstehen werde.

Gott ist uns keinerlei Rechenschaft schuldig.

Aber wir ihm!

Auf der Bühne der Welt läuft seit Urzeiten das menschheitsalte Drama namens „Der Mensch will sein wie Gott!" Doch so ausgefeilt wie heute bei uns und derart auf Hochtouren gab es dieses Drama wohl noch nie.

Derweilen erwacht in den Demütigen wieder
die Freude am Glauben,
und unter den Kindern Gottes
wächst eine neue Generation von Heiligen heran

In der Kirche wächst die Zustimmung zu all dem, was bisher und vor dem gesunden Menschenverstand als widergöttlich galt und nicht mit der Menschenwürde vereinbar.

Erstaunlich, dass uns kluge Menschen außerhalb der Kirche sagen müssen, dass wir damit falsch liegen.

Der katholische Glauben enthält mehr Lebensweisheit, als manche Zeitungen und Zeitgenossen es für wahr halten!

Früher fragte man sich: Wie gelingt es mir, mein Leben so zu leben, dass es dem Willen Gottes entspricht. Wie altmodisch und unaufgeklärt das doch war.

Heutzutage fragt man sich: Wie gelingt es mir, Gottes Willen so meinem Willen anzupassen, dass Gott meinem Willen entspricht

Die alte Gestalt der Kirche bei uns vergeht, leise oder mit Skandalen, mit Glaubensstreitereien und -zerstörung.

Doch das Neue wächst längst heran. Hörst du es nicht wachsen! Unsere Kinder werden Propheten sein. Darauf hoffen wir.

Eine frühere Generation hat Gott vergessen.

Inzwischen sind wir weiter gekommen: viele haben jetzt vergessen, dass sie Gott vergessen haben. Aber dieser hat Wege, sich in Erinnerung zu bringen.

Die Würde des Menschen

Vorsorge für die Würde des Menschen
und Nachhaltigkeit für die Zukunft tut gut.

Damit der Mensch im Betrieb des Alltags nicht unter die Räder kommt.

Es ist nicht immer gut für den Menschen,
wenn er all das tut, was er kann oder tun möchte!

Wer im großen Zusammenhang handelt, ist schon auf dem Weg zum wirklichen Glück!

Der katholische Glauben enthält mehr Lebensweisheit, als manche Zeitungen und Zeitgenossen es für wahr halten!

Deine Würde als Mensch behalten
und das Glück finden. Menschenwürde!

Manches, was üblich ist bei uns, und was viele tun, ist in Wirklichkeit unter unserer Würde.

Der Mensch – ein „Materiallager“,
das andere ausschlachten und für ihren Nutzen gebrauchen?

Der Mensch ist Ebenbild Gottes und hat eine unantastbare Würde!

Das Nein zu einer konkreten Versuchung im Einzelfall kann in Wirklichkeit ein großes Ja zur Würde des Menschen im Allgemeinen sein!

Es ist Weisheit was zunächst nur wie Verzicht aussieht.

Immer den bequemeren Weg gehen und jeder Augenblicks-Lust nachgeben –

oder den anspruchsvollen Weg wählen, der Mühe und vielleicht Verzicht kostet, aber sich am Ende auszahlt.

Ob der Mensch sich selbst heilig ist und sich achtet,

erkennt man daran, wie eine Gesellschaft mit den Ungeborenen umgeht und über deren Lebensrecht denkt.

In vorauseilendem Gehorsam schaffen wir das Christliche in unserer Gesellschaft weitgehend ab, um Andersdenkende nicht zu berühren.

Viele von denen berührt es sehr, dass wir unsere Traditionen und Kultur so wenig wichtig nehmen.

Eines Tages, wenn wir alle Fruchtbarkeit zerstört und verhindert haben, wenn uns die Kinder fehlen, die wir nicht bekommen wollten oder aus dem Mutterleib entfernt haben,
dann werden wir merken, dass wir nur von der Lust und unserem Freiheitsdrang nicht wirklich leben können.

Wenn die Erderwärmung das Klima total verändert und Katastrophen erzeugt –
wieso soll dann der Eingriff in die Natur des Menschen, die beim Hantieren mit seiner Fruchtbarkeit passiert, ohne solche Folgen bleiben?

Die höchste Fülle seiner Würde erlangt der Mensch, wenn er zu Gott aufschaut.
Im Blick auf den Boden entdeckt er nur Erde – seine Vergänglichkeit. Wohin einer schaut, dazu wird er am Schluss!

Tiere müssen ihrem Trieb folgen. Doch der Instinkt schützt sie.
Wer schützt den Menschen, wenn der Trieb ihn drängt? Auch Triebwagen entgleisen.

Als Adam am Anfang Sehnsucht hatte nach einem Wesen, das ihm entsprach und ihm eine Ergänzung war (Ganz-anders), da hat Gott ihm kein Tier und keinen Mann an die Seite gegeben, sondern die Frau!

Daran kann man erkennen, dass die Ehe eine Sache von Mann und Frau ist

Gott made Adam and Eve, and not Adam and Steve.

Und der Blick auf den Leib von Mann und Frau bestätigt die göttliche Absicht. Da passt wirklich alles zusammen!

Der Mensch ist technisch ganz weit vorangeschritten und kann Dinge tun, die vor Jahren noch schier unmöglich schienen.

Allerdings ist er vielfach geistig noch nicht so weit, um damit in Verantwortung umzugehen.

Man kann nicht auf Probe leben –
auch nicht auf Probe einen Menschen lieben.

Beim Zusammenleben auf Probe werden sonst Menschen leicht zum Probierstück mit Recht auf Reklamation und Rückgabe.

Wir leben, was den Wohlstand anbetrifft,
auf höchster Ebene -

was unser Wohlverhalten gegenüber Gottes Geboten anbetrifft leider manchmal unter unserem Niveau.

Die höchste Fülle seiner Würde erlangt der Mensch, wenn er zu Gott aufschaut.

Im Blick auf den Boden entdeckt er nur Erde – seine Vergänglichkeit. Wohin einer schaut, dazu wird er am Schluss!

Der katholische Glauben enthält mehr Lebensweisheit, als manche Zeitungen und Zeitgenossen es für wahr halten!

Leben

Das Leben ist schützenswert vom ersten Augenblick an bis zum letzten.

Wer findet es schon gut, wenn andere ihm das Lebensrecht streitig machen?

Am Anfang nur ein Zellhaufen, den man beseitigen kann?

Am Ende nur altes Eisen für den Schrotthaufen, das man entsorgt?

Der Mensch ist viel mehr wert!

Wenn wir am Anfang über das Leben des Menschen verfügen und das als Recht ansehen

wird man einmal am Ende über unser Leben verfügen und das als Recht ansehen.

Kann die Tötung eines Menschen ein Recht sein, dass ein anderer hat?

Weder im Mutterleib noch außerhalb von ihm haben andere ein Recht darauf, über sein Leben zu verfügen. Es ist heilig von Anfang an.

Manch ein Politiker will dem Leben der Frau dienen, indem er ihr zustimmt, dass ihr Bauch ihr gehört.

Leider wird er dadurch zum Totengräber der Gesellschaft

Die Konservativen sind inzwischen wieder die eigentlich Fortschrittlichen.

Sie bewahren (lateinisch: conservare) jene wichtigen Werte, die andere fortschreitend über Bord werfen möchten.

Beizeiten anlegen für das Leben, das folgt – anstatt nur auf den Augenblick schauen.

Es gibt noch verlockende Perspektiven über das Heute hinaus.

Früher lebten die Menschen vielleicht 40 Jahre, und wussten: zuzüglich Ewigkeit.
Heute werden die Menschen schon 90 Jahre alt. Aber dann ist Schluss.

Kein Wunder, dass die Zeit rar wird!

Liebe / Sexualität

Die erste Frage in der Sexualmoral lautet nicht „Was ist mir zu tun verboten?",
sondern „Wie führe ich ein Leben der sexuellen Liebe, das mit meiner Würde als Mensch übereinstimmt?"

Auch beim Auto tankt man keinen Diesel, wenn es ein Benzinmotor ist

Der katholische Glauben enthält mehr Lebensweisheit, als manche Zeitungen und Zeitgenossen es für wahr halten!

In der Sexualität geht es weniger um das 6. als um das 8. Gebot (Du sollst nicht lügen, sondern die Wahrheit tun):

wenn man nämlich mit dem Leib schon etwas ausdrücken will, was noch durch kein Treueversprechen gedeckt ist, gerät man leicht in Teufels Küche.

Aus der wahren Liebe eine „Ware“ Liebe machen, für die schnelle Befriedigung des kleinen Glücks?

Oder: das große Glück finden
in einer Wahrheit, die befreit?
Liebe ist mehr als „Lieben“

Sexualität:
Mitwirken an der liebenden Schöpferkraft Gottes –
aber kein Stoff für Experimente.

Das Gebot Gottes schützt den Menschen mehr, als er ahnt!.

Besser *mit* der Natur leben – als sie beschädigen.
Nachhaltig handeln – auch mit uns selbst:

Natürliche Empfängnisregelung schützt vor einer „anderen“ Klimakatastrophe und ist sicher – wie das Amen in der Kirche

Der katholische Glauben enthält mehr Lebensweisheit, als manche Zeitungen und Zeitgenossen es für wahr halten!

Unweltaktivisten, die die Welt verstehen, wissen: alles, womit wir die Luft verpesten, kommt irgendwann heftig auf uns nieder. Das ist logisch!

Katholiken, die etwas von der Welt Gottes verstehen, wissen: wenn zig Millionen Kinder im Mutterleib getötet wurden, wird das eines Tages auf uns herabkommen. Auch das ist logisch!

Sexualität: Gebrauchsgegenstand? Gelegenheitsgeschehen? Spielzeug?
Beliebigkeitsvorgang? Freizeitsport?

oder: Ausdruck eines Ja-Wortes, das zuvor gesprochen wurde: "Du – ab heute für immer, in guten und schlechten Tagen, bis der Tod uns trennt."

Es gilt als böse, die Umwelt zu belasten, Bäume zu fällen, Tiere zu bedrängen, Dieselautos zu fahren, Kohle zu verfeuern. Sagen manche Parteien.

Menschenkinder im Mutterleib zu töten ist aber ein Menschenrecht, sagen dieselben Leute.
Sie sagen: böse ist, wer dieses verhindern will.
Früher hat man solche Schizophrenie behandelt.

Es ist das Vorrecht einiger Käferarten,
dass sie notfalls ihre eigene Brut auffressen.

Es ist der Vorsprung des Menschen,
dass ihm ein Menschenkind vom
Moment der Zeugung an heilig ist!

Schon im Mittelalter wusste die heilige Hildegard, dass die Elemente laut stöhnen, wenn sie durch das Böse des Menschen verunreinigt werden.

Woher kannte sie unsere Zeit?

Mann und Frau sind füreinander und aufeinander hin geschaffen.

Wer ihren Leib anschaut, erkennt sofort diese Wahrheit. Da passt alles zueinander. Jedes Kind kann es uns bestätigen!

Sexualität und Fortpflanzung sind der Ast, auf dem wir sitzen.
Wer daran herumsägt, muss sich nicht wundern, wenn…..

Es gibt eine tiefe Wahrheit über den Menschen, die ihm entspricht!

Eines Tages, wenn wir alle Fruchtbarkeit zerstört und verhindert haben, wenn uns die Kinder fehlen, die wir nicht bekommen wollten oder aus dem Mutterleib entfernt haben,
dann werden wir merken, dass wir nur von der Lust und unserem Freiheitsdrang nicht wirklich leben können

Durch die Pille stehen Frauen heute immer zur Verfügung – dem Mann und seinem Wollen. Sie sind – mehr als sie es ahnen – ausgeliefert.

Die Freiheit der Frau, die ihrem Wesen entspricht, wird heute nur noch von klugen Feministinnen betrieben (und von der katholischen Kirche).

Ist es wahrscheinlich, dass technische Eingriffe nur anderswo schlimme Folgen haben, aber nicht im Körper der Frau?

Soll man Froschteiche schützen, gesunde Frauen aber dazu bringen, Tag für Tag hochwirksame chemische Präparate zu schlucken?

Der Körper ist kein Gebrauchsgegenstand für das, was manche „Lieben" nennen –
sondern Eingangstor in das Geheimnis Gottes.

Es ist daher gut, ihn wie ein Heiligtum zu behandeln.

Wo die Ökologie der uns umgebenden Natur missachtet wird (so haben wir gelernt), sind Pflanzen-und Tierwelt sowie das Klima bedroht.

Genau so ist es, wenn man die Ökologie der Sexualität missachtet. Dann entsteht auch dort Zerstörung. Selbst-Zerstörung!

Auch in der Sexualität gilt Öko-Logie
(die Sorge um ein gutes Haushalten mit der Natur)

und nicht Ideo-Logie (die Durchsetzung naturwidriger Ideen)

Die Sexualität ist geboren aus dem Herzen Gottes. Sie ist Seele und Leib in einem.

Wenn man bei einem Menschen Seele und Leib trennt, ist er tot. Auch die Sexualität ist als reiner Körperkult zu schade

Der katholische Glauben enthält mehr Lebensweisheit, als manche Zeitungen und Zeitgenossen es für wahr halten!

Weil die Sexualität heilig ist und Geschenk Gottes, ist es gut, sie zu schützen und zu bewahren, damit sich ihre Wirkung voll entfalten kann.

Gott will unsere Freude!
Zum Verbrauch sind wir nicht bestimmt.

Menschliche Sexualität beruht auf der von Gott gewollten Zusammengehörigkeit und Anziehungskraft der beiden Geschlechter, also einer Frau mit einem Mann.

Auch beim Strom werden zwei Gegenpole gebraucht, damit es fließen kann!

Nur Schraube und Mutter gehören zusammen und ergeben eine feste Verbindung. Zwei Schrauben allein verbinden sich in nichts und alles bleibt locker.

Doch wenn Mann und Frau zusammen kommen, entsteht eine natürliche und gottgewollte Verbindung!

In der Sexualität gilt das Schloss-und-Schlüssel-Prinzip.

Nur ein Schlüssel kann ein Schloss aufschließen (zwei Schlüssel oder zwei Schlösser schließen nichts auf).

Ehe / Familie / Kinder

Kinder – kein Schadensfall für Ehe oder Karriere,

sondern Hilfe für die Erfüllung des Mannseins oder Frauseins.

Der katholische Glauben enthält mehr Lebensweisheit, als manche Zeitungen und Zeitgenossen es für wahr halten!

Partnerschaft in Treue, die bleibt und ein fester Rahmen (Ja-Wort) –

oder austauschbar sein und nur auf Abruf leben und lieben? Der Mensch ist doch kein Tauschobjekt!

Wir sollten uns nicht nur Gedanken machen über das allmähliche Aussterben einiger Tier- und Pflanzenarten

sondern auch über unser Fortpflanzungs- verhalten, weil bald mehr verhütet und abgelehnt wird, als zur Welt kommt.

Altwerden ohne Kinder ist wie ein Garten ohne Blumen.

Kinder – gute Altersvorsorge. Selbst die Riester-Rente kommt dagegen nicht an.

Bei der Ehe kommt es nicht darauf an, vom anderen zu erwarten, was er/sie mir alles zu geben hat –

sondern darauf zu schauen: Was braucht der/die andere von mir?

Aus dieser Perspektive entstehen neue Kräfte zum Beieinanderbleiben.

Wenn die Gesetze der Arbeitswelt und der Leistungs-gesellschaft in die Ehen und Familien einziehen, dann wird es dort kälter als am Nordpol.

In diesem Frost stirbt dann das Gemüt und alles wirkt grau und kühl.

Der katholische Glauben enthält mehr Lebensweisheit, als manche Zeitungen und Zeitgenossen es für wahr halten!

Kinder sind ein Glücksfall fürs Leben.

Durch sie erwächst uns Erwachsenen neues Wachstum, durch sie reifen wir und werden klug und weise.

Es ist in Deutschland nicht erlaubt, ein Hundejunges zu früh von seiner Mutter wegzunehmen und anderswo unterzubringen

Dieses Recht sollte doch auch für ein Menschenjunges gelten!

Aus jedem Kind lacht uns Gott entgegen. Sagte ein Priester aus Afrika.

Jetzt wissen wir, warum Gott und das (echte) Lachen immer mehr aus unserer Gesellschaft verschwinden.

Es ist das größte Glück auf Erden, Mutter zu werden und Kinder zu haben. Aussage einer jungen Mutter.

Ja, wer sein Leben hingibt, der empfängt es. Sagte schon Jesus.

Die Emanzipation der Frau beginnt in der Mutterschaft.

Da ist sie uneinholbar größer in ihrer Würde als alle anderen.

Die Frau ist der Schlüssel zur Welt. Und der Schlüssel zur Menschwerdung.

Manipulationen am Wesen der Frau führen nicht nur dazu, dass immer weniger Menschen werden, sondern auch dass das Werden des Menschen immer weniger wird

Manche Frauen machen Karriere im Beruf und verpassen dabei möglicherweise ihre eigene Berufung.

Schon der hl.Augustinus sagte:
"Gebt mir Mütter und ich werde eine versinkende Welt erretten!"

„Ehe" auf Probe: sich erst prüfen, erst dann binden. Dann hält später die Ehe besser.

So lautet die Devise.

Seitdem es die „Ehe" auf Probe in Menge gibt, ist die Zahl der Scheidungen sprunghaft angestiegen.
So lautet die Erfahrung.

Zusammenleben ohne Heirat bedeutet, sich immer alle Türen offen halten. Das kränkt auf Dauer (zumindest einen Partner).

Denn bei diesem Durchzug muss sich die Beziehung zwangsläufig verkühlen.

Zusammenleben ohne Heirat ist ein Zögern ohne Ende: Ich bin mir deiner nicht sicher! Ich will mich nicht für dich entscheiden!

Das verletzt mich, dachte die Frau. Ich gebe mich ihm ganz hin und gebe ihm alles, aber ich will kein austauschbares Objekt sein.

Der katholische Glauben enthält mehr Lebensweisheit, als manche Zeitungen und Zeitgenossen es für wahr halten!

Manch einem Ehepaar versagt es die Natur, eigene Kinder zu bekommen!

Doch auch sie können zu Vater und Mutter werden, indem sie sich väterlich und mütterlich der Welt zuwenden und zum Segen werden für geistige „Kinder".

Freiheit / Wahrheit / Weisheit

Gebunden sein an das, was alle tun und alle denken –
oder frei sein in der Freiheit der Gebote Gottes. Zur Freiheit berufen sein und sich nicht mehr unfrei machen lassen!

Eine Wahrheit zu haben und ihr zu folgen kann lebensrettend sein.

Viele selbst gemachten Wege führen in die Irre (und man merkt es leider erst, wenn es zu spät ist).

Wer ist wirklich frei?
Der, der macht, was er will
- oder der, der tut, was Gott will?
Es gibt Freiheiten, die haben unheimlich viele heimliche Fesseln!

In der Pubertät lehnt sich der Mensch gegen alle Gebote, Gesetze und Traditionen auf.

Danach ist es Zeit, erwachsen zu werden und nach ewigen Gesetzmäßigkeiten zu leben, um weise zu sein.

Wie im Märchen „Des Kaisers neue Kleider“ kann man durch Druck öffentliche Meinung machen. Aber jedes kleine Kind entdeckt sofort, was Lüge ist und sagt es laut heraus.

Manche neueren Entwicklungen in unserer Gesellschaft schreien nach einem, der wie ein solches Kind handelt.

Diskriminieren heißt eigentlich „unterscheiden, den Unterschied sehen
und benennen“ –
damit nicht alles gleich geschaltet wird.

Nicht Unterscheidung ist schlecht, nur Herabsetzung und Diffamierung.

Wer dann, wenn er berechtigte Anfragen erdulden muss, dies Diskriminierung nennt, der verdreht schlicht nur die Tatsachen.

Manche, die heute gegen Diskriminierung kämpfen, beschädigen die Meinungsfreiheit

Es gäbe Geschrei, wenn jemand Chemikalien in einen See schüttet.

Doch wenn Mädchen und Frauen jahrzehntelang durch die Pille Hormone in sich hinein schütten (und dann in den Wasserkreislauf ausscheiden) – danach kräht seltsamerweise kein Hahn

Der katholische Glauben enthält mehr Lebensweisheit, als manche Zeitungen und Zeitgenossen es für wahr halten!

Es ist Herabsetzung der Ehe von Mann und Frau, wenn andere Lebensgemeinschaften der Ehe gleich behandelt werden.
Ehe und Familie tun einen unvergleichlichen Dienst an der Gesellschaft.

Jemand Privilegien zu geben, die durch keine Leistung für die Gesellschaft begründet sind, ist ungerecht

Gleiches ungleich behandeln – das ist ungerecht.
Ungleiches ungleich behandeln ist dagegen Klugheit.

Darum wird ein Blinder keinen Führerschein bekommen - und mit der Ehe von Mann und Frau kann sich niemand anders vergleichen.

Wirkliches Wachstum kommt aus dem Opfer, dem Verzicht, dem Mitleiden.

Was ich loslasse, wächst mir auf wunderbare Weise von Neuem zu. Ich bekomme es zurück. Nur verwandelt.

Geboten zu folgen und sich danach auszurichten ist ein Zeichen von Weisheit.

Manch einer, der nur nach eigenem Gutdünken lebt, ist am Schluss der Dumme.

Gewissen heißt: Wissen, das von woanders her kommt, Ausrichtung an einem außer mir liegenden Orientierungspunkt. Zum Beispiel: die Kirche. In ihr das Lehramt.

Auch der Navigator im Auto braucht von außen die Signale des Satelliten, sonst fährt er dich in eine Sackgasse!

Wieso auf den Papst hören? Jeder kann sich doch selbst seinen Glauben zurechtlegen. Sagen manche Katholischen.

Ach, wenn wir doch so etwas wie den Papst hätten, dann gäbe es bei uns mehr Klarheiten. Hört man manche Evangelischen sagen.

Ein fragwürdiger Begriff von Mündigkeit führt heute zu einer Art angemaßter Allmacht, zu einer falschen und deshalb fürchterlichen Freiheit.

Erfahrene Menschen sagen dagegen: Die Abhängigkeit von Gott ist die größte und schönste Freiheit auf Erden. Ein Glück!

Der wahre freie Katholik ist der, der sonntags zur Messe geht. Er lässt sich durch kein Gebot dieser Welt und durch keinen Trend davon abbringen. Was „man" tut, davon ist er frei.

Er ist der wirkliche Individualist.
Er genießt seine Sonntagsfreiheit!

Nur auf den kurzfristigen Gewinn schauen – oder für die eigene Zukunft gewinnbringend anlegen?

Mancher Verzicht um der Wahrheit willen bringt uns weiter!

Viele Leute sagen heute ihre Meinung über dies und das.

Doch die Wahrscheinlichkeit, dass ein Argument stimmt und wahr ist, steigt beträchtlich, wenn es von einem Katholiken kommt, der seinen Glauben und die Wahrheiten seiner Kirche kennt und ernst nimmt.

Auch wer sich durch Fitness gesund hält, stirbt eines Tages (genau zu dem für ihn bestimmten Zeitpunkt).

Dann tut es gut, wenn seine Seele fit ist für das, was danach auf ihn zukommt.

Bei 168 Wochenstunden für Schlafen, Arbeiten und Freizeit ist die eine Stunde am Sonntag das Mindeste, was wir Gott schenken können.

Gottesdienstzeit ist gut angelegte Zeit für den Menschen!

Nicht nur wer gesund ist, ist heil –
sondern heil ist, wer seiner Seele Gutes tut!

Der Glaube an Gott hat immer noch überraschende Heilerfolge!

Wer sonntags in die Messe geht ist auch nicht besser als die anderen. Sagt der Volksmund

Aber er ist besser dran.
Sagt die Erfahrung

Die Energie, die wir als Christen benötigen bekommen wir aus dem Strom,
gegen den wir schwimmen.

Nur tote Fische schwimmen mit dem Strom.

Der katholische Glauben enthält mehr Lebensweisheit, als manche Zeitungen und Zeitgenossen es für wahr halten!

Menschen klagen manchmal: „Gott, warum warst du nicht da, als wir dich brauchten?"

Gott antwortet „Tut mir leid, aber ich habe seit vielen Jahren weder Zutritt zu eurem Leben noch zu eurer Gesellschaft. Die europäische Verfassung hat mich vor die Tür gesetzt!"

Kirche

Die Kirche verpasst den Zug der Zeit.

Wird gesagt.

Das ist ihr Glück. Denn gestern schon ist dieser Zug entgleist.

Viele, die das Lehramt der Kirche ablehnen, glauben blindlings dem Lehramt der Medien, der öffentlichen Meinung, den Wissenschaften, der Mode usw., die Gefolgschaft einfordern.

Welche barmherzige Instanz ist doch die Kirche dagegen!

Eheleute sagen denen, die im Zölibat leben, dass auch deren Lebensform dazu bestimmt ist, die Liebe zu leben.

Zölibatäre sagen den Eheleuten durch ihre Lebensform, dass Ehe und Irdisches noch nicht der Himmel sein können

Maria war schon erwählt, lange bevor die Männer Priester wurden. Sie war sogar schon vor der Kirche da.

Der Vorrang in der Kirche setzt also keine Weihe voraus, nur einen kleinen Satz:
Herr, mir geschehe nach deinem Wort!

Die Kirche ist wie ein Arzt.
Wie dieser ist sie nicht den Wünschen des Patienten verpflichtet, sondern seiner Gesundheit.

Ist ein Arzt ein Menschenfeind, wenn er seinem Patienten zu dessen Heil bestimmte Wege weist oder Diät verordnet?

In der kath.Kirche ist von 1 Milliarde Mitgliedern nur einer unfehlbar, und dies nur höchst selten und nur in einem ganz engen Rahmen -

im Unterschied zu manchen Stammtischen oder Medien, wenn die über die Kirche reden.

Jeder wirklich Informierte weiß, dass es mit der Inquisition und dem Fall Galiläi ganz anders war, als es manche Autoren und Kritiker gern hätten.

Ein wohlwollender Blick auf die Wahrheit kann hier zu Überraschungen führen.

Die wenigen Skandale können die Liebe nicht auslöschen, die Millionen Priester, Nonnen und Mönche den Menschen seit 2000 Jahren Christentum geschenkt haben. Und heute noch schenken.

Hier reicht einfach ein fairer Blick auf die Wirklichkeit und etwas Dankbarkeit.

Früher suchten die Menschen Gott als
ihren Lebensmittelpunkt. Heute dreht sich fast alles nur noch um Lebensmittel. Punkt.

Doch Christus ist noch immer das einzige Brot zum Leben.

Wer sagt: Ich will Jesus – aber keine Kirche! der gleicht einem Ehemann,
der eine Ehefrau ohne Leib will.

Welche lustlose, geisterhafte Beziehung.

Manchmal muss das Lehramt der Kirche den Menschen vor dem Menschen schützen.

Sonst gerät der Mensch in seinem Freiheitsbestreben auf tödliche Wege – und merkt es erst, wenn's schon zu spät ist.

Viele Nichtglaubende fühlen sich von der Kirche deshalb angezogen, weil sie spüren, dass es da eine absolute und unverrückbare Gewissheit gibt.

Das ist besonders dann wichtig, wenn man auf Treibholz steht.

Warum er katholisch geworden sei, bei all diesem Versagen der Kirche - so wurde einer gefragt.

Genau deswegen, sagte er. Wenn dann trotzdem seit 2000 Jahren die Kirche überlebt, dann muss in ihr die Wahrheit sein!

Für viele hat die Kirche in der Nazi-Zeit viel zu sehr geschwiegen.

Wenn sich die Kirche heute unentwegt für die Lebensrechte und die Würde des Menschen einsetzt, heißt es: sie soll schweigen. Was denn nun?

Manche finden die katholische Kirche völlig veraltet und antiquiert. Andere gehen hin und kaufen Antiquitäten und fühlen sich zwischen diesen Altertümern total wohl.

Nicht alles, was alt ist,
ist völlig daneben.

Die Kirche verpasst und verschläft die Entwicklung, und hinkt hinter dem Fortschritt her - heißt es.

Wir brauchen hundert Jahre Zeit.
Dann werden uns die Historiker bescheinigen, dass die Kirche in den wichtigen Lebensfragen ihrer Zeit weit voraus war.

Die moderne Politik will durch die Gesetzgebung die Beliebigkeit aller Werte festschreiben und verordnen. Das klingt gut, hat aber die Beschaffenheit von Treibsand.

Inzwischen sammeln sich viele wieder auf dem Felsen, der in der Kirche seit 2000 Jahren trotz aller Fehler für Sicherheiten sorgt.

Den Sünder lieben, die Sünde aber hassen – eine alte kirchliche Weisheit.
Was aber, wenn sich die Sünder öffentlich hinstellen und ihr Tun als Recht einfordern? Wenn sie das Gute böse und das Böse gut nennen?

In der Unterscheidung der Geister
ist die Kirche immer noch
unschlagbar.

Der katholische Glauben enthält mehr Lebensweisheit, als manche Zeitungen und Zeitgenossen es für wahr halten!

Vor lauter Kritik an der Kirche und Skepsis kann man das Glück des Glaubens völlig verpassen.

Ein wenig Bereitschaft zum Hinhören
öffnet Türen in ein Schloss voller
Schätze und Überraschungen.

Warum sich Katholiken über ihre Kirche freuen dürfen? Weil es in ihr so viele Schwache und Sünder gibt, so viele Fehler und so viel Versagen.

Also habe ich schwacher Mensch
auch einen Platz in ihr
mit meinem Versagen.

Bei einer Hochzeit kann der Mann nicht die Braut sein, und die Frau nicht der Bräutigam.

Das ist einer der Gründe dafür, warum
ein Mann als Priester Jesus
darstellen soll , der als Bräutigam
zu den Menschen kam.
Sonst stimmt die „Hochzeit“ nicht!

Die Re*form* der Kirche geschieht nicht durch die Abschaffung des Zölibats.

Die Re*form der Kirche geschieht bei mir.*
Wenn ich mich in die Form *Jesu Christi*
bringen lasse. Die Re*form der Kirche beginnt in der*
persönlichen Beichte.

Das Annehmen des Menschseins mit seinen Grenzen und dem, was ich nie sein kann, bringt Freude, Frieden und Glück.

Viele sterben auf der Überholspur, weil sie sich selbst überholen wollten.

Manch einer arbeitet Tag und Nacht, um sich nach seinem Tode endlich das leisten zu können,

wozu er Zeit seines Lebens nie Zeit hatte, da er Tag und Nacht arbeitete.

Wer werktags 40 und mehr Stunden
an die Arbeit gefesselt ist

braucht den Sonntag, um die Freiheit der Kinder Gottes zu schmecken.

Wenn es nur noch um Profit, Leistung und Wirtschaftswachstum geht, gerät der Mensch unter die Räder.

Die Arbeit ist für den Menschen da,
nicht der Mensch für die Arbeit

Der katholische Glauben enthält mehr Lebensweisheit, als manche Zeitungen und Zeitgenossen es für wahr halten!

Fortschritt

Fortschritt ist nicht immer gut.
Wenn jemand am Rand des Abgrunds steht, ist jeder nächste Fort-Schritt tödlich.

Hier kann Zurücktreten und Nachdenken der schlauere Weg in die Zukunft sein

Toleranz

Toleranz ist, wenn ich einem Andersglaubenden so von Christus erzähle, dass er davon ergriffen ist (und dann tut, was er für richtig hält).

Intoleranz ist, wenn ich das nicht mehr erzählen darf.

Christsein

Manch ein Christ stirbt geistlich als Neunjähriger nach seiner Erstkommunion; mancher schon gleich nach der Taufe.

Er wird aber erst mit siebzig oder achtzig Jahren beerdigt.

Ein Mensch, der nichts mehr isst, der stirbt.

In dieser Gefahr leben viele Getauften, die ein Leben lang ohne die Eucharistie auszukommen meinen

Man würde milde lächeln über jemanden, der Millionen auf seinem Konto hat, aber nicht einen Cent davon abhebt.

Warum ist es dann gesellschaftsfähig, wenn ein Christ nie zu den Sakramenten geht? Das Gnadenkonto ist zum Brauchen da!

Ich verantworte alles allein nach meinem Gewissen – sagte der mündige Christ.

Nach seinem Tod hat man nachgeschaut: Sein Gewissen war unbenutzt.

Jetzt ist die Zeit, Gottes Gnade anzunehmen und mit ihr zusammenzuwirken in einem Leben nach Gottes Geboten. Jetzt! Heute!

Wer nach der Gnade Gottes am Ende schielt, sie aber heute vernachlässigt,
kann sich leicht verrechnen!

Die Freude an Gott beginnt dann, wenn wir uns von ihm angenommen und geliebt wissen

und uns umdrehen und beginnen,
in seine Richtung zu leben

Gebote sind keine Grenzlinien sondern Leitplanken, an denen wir sicher den Weg gehen können.

Wenn jeder heute bei Rot durchfährt, weil er meint, ein freier Mensch zu sein, wird auch er eines Tages überfahren.

Sage deinem Gott nicht, dass du
große Probleme hast.
Sage deinen Problemen, dass du einen
großen Gott hast.

Worte eines Bischofs
aus Afrika an uns!

Der katholische Glauben enthält mehr Lebensweisheit, als manche Zeitungen und Zeitgenossen es für wahr halten!

Wir brauchen nicht zu beten. Wir haben eine Tante im Kloster, die betet für uns alle!
Volksweisheit

Später ist die Tante dann im Himmel, und ihre Neffen und Cousinen werden diesen möglicherweise verfehlen.
Glaubensweisheit

Ungeborene

Der Mensch ist Ebenbild Gottes. Von der Zeugung an! Also heiliges, unantastbares Leben.

Deshalb ist jeder Angriff auf das ungeborene Leben ein Angriff auf Gott

In einem Abtreibungsfilm ist durch Ultraschallbilder zu sehen, wie das ungeborene Kind vor dem Tötungswerkzeug zurückweicht, um diesem zu entgehen. Es hat keine Chance.

Da sage keiner, die Kirche trete nicht von Anfang an für die Unschuldigen und die Wehrlosen ein!

Im antiken Rom setzte man unerwünschte Kinder auf den Müllhalden der Stadt aus. Dort verhungerten sie oder wurden von den Wölfen gerissen.

Im modernen Europa wird der Körper Ungeborener bei Abtreibungen im Mutterschoß zerrissen und man findet die getöteten Kinder in den Müllcontainern der Abtreibungskliniken. War nur die Antike barbarisch?

Was unsere moderne Gesellschaft alles für Einsichten verbreitet, für Ideen hat und mit großem Ernst für das Wahre hält, verdient in manchen Punkten ein schallendes Gelächter – von Flensburg bis Garmisch.

Es ist aber eigentlich zum Weinen, welcher Unsinn da landauf landein für das Gelbe vom Ei gehalten und mit Beifall versehen wird.

Unter dem Vorzeichen von W i s s e nschaftlichkeit wird uns die Gender-Ideologie als d i e Errungenschaft dieser Zeit vorgeführt und eingepredigt.

In Wirklichkeit w i s s e n hier ihre Vertreter nicht, dass sie nichts wissen und nichts begriffen haben.

Mit verbissener Leidenschaft rückt man unserer Sprache zu Leibe und schafft diskriminierungsfreie und politisch korrekte Aussageformen.

Jeder Vernünftige erkennt hier die ersten Anzeichen einer totalitären Gesellschaft

Die Ehe war früher ein Reservat, ein Naturschutzgebiet. Schilder am Eingang sagten eindeutig an: „Nur für Mann und Frau“

Mit heftigem Nachdruck durch die „Naturschützer“ wurde sie jetzt zum Freigehege erklärt, in dem sich alles tummeln darf.

.

Kapitel 2
Alltagsfloskeln – christlich umgewandelt
Gegen-Sätze gegen die Macht der Sätze
oder: Die Notwendigkeit, auch das Kleingedruckte zu lesen

Gebrauchsanweisung:

Lies zuerst von oben nach unten: ein **SCHLAG-WORT** aus dem Denken unserer Zeit, **fettgedruckt** wie Schlag-Zeilen. Politisch korrekt. Unverrückbar. Unfehlbar, wie Volkes Meinung meint zu sein.

Dann – auf den zweiten Blick – lies das **Kleingedruckte** mit:
ein Gegen-Satz dazu. Ein Wider-Wort. Ein Satz dagegen gestellt, der alles umstellt und verrückt. Ein v e r r ü c k t e s Geschehen.

Nicht alles **Kleingedruckte** ist schlecht. Jedenfalls hier nicht.

Wenn die ZEIT kommt, wird uns der GEIST unerhörte WIDER-WORTE in den Mund legen.

DIE
KIRCHE
GEHT
mit **MIR**
MÄCHTIG
AUF
DEN
GEIST zu.

SIE
IST
VON
ALLEN
GUTEN
GEISTERN erfüllt, man kann
sich auf sie **VERLASSEN.**

SIE
KANN
KEINEN
MEHR
BEGEISTERN
als wenn sie dem Geist vertraut

Wer **SICH** fest an Gott bindet,
nicht nur **DAS** Irdische beachtet, sondern
auch das Ewige, dem wird **LEBEN** ohne Ende geschenkt,
das ihm keiner mehr **NEHMEN** kann!
Das **DÜRFEN** wir finden!

Wer **DIE** Entscheidung trifft,
sich von der **KIRCHE** leiten zu lassen,
der **IST** klug und up to date,
Sein Leben ist **VON** Zukunft gezeichnet.
Kann der von **GESTERN** sein?

Wenn **WIR** uns Gottes Liebe zuwenden,
dann **BRAUCHEN** wir keine Angst haben.
GOTT nimmt uns
NICHTs, er gibt uns Alles.
Brauchen wir noch **MEHR**?

Wenn ich **MEIN**e, ich wäre gut und ohne Fehler,
dann wird mir mein **GEWISSEN** (wenn ich ihm zuhöre)
sagen, dass es nicht so **IST**. Denn unversehens kann ich von meiner
falschen Selbstüberschätzung **REIN**gelegt werden.

MEIN
GEWISSEN
IST vom Zeitgeist
REINgelegt worden.

Wenn **DIE**
KIRCHE wirklich
ihr **SOLL** erfüllen will,
muss sie **SICH** getreu
AN ihren Auftrag halten,
denn sie soll **DIE ZEIT** an
Gottes Willen **ANPASSEN**.

Wenn **DIE**
KIRCHE
das tun **SOLL**: nämlich
MIT DER ZEIT gehen,
dann ist sie, wenn man sie braucht, nicht mehr da,
weil sie mit der Zeit **GEHEN** sollte.
Denn die Zeit eilt dahin. Fragt sich nur: wohin?

DAS MIT DEM HIMMEL,
DAS werden wir dann geschenkt
KRIEGEN, wenn
WIR uns hier und heute,
jeden Tag **SCHON** Gott und
seiner Gnade **HIN**geben!

WIR werden es
KOMMEN sehen:
nicht **ALLE**, die
ALLE schon
dr**IN**nen zu sein glauben,
wer**DEN** auch wirklich
in den **HIMMEL** kommen!

Wenn **ALLES** nur noch beliebig wird,
IST der Mensch in Gefahr!
Nur in verbindlicher **RELA-**tion (Beziehung) zur Wahrheit
wird die Freiheit zum Ak**TIV**posten meines Glücks.

Wenn **ICH** mich als Gottes Geschöpf
sehe, dann **BIN** ch wahrhaft frei.
Und **MEIN** Glück ist es,
trotz **EIGENER** Schwächen sagen zu dürfen:
Gott, du bist mein **HERR** und ich gehöre dir!

Falls **WIR** nur
GLAUBEN, dass Gott lieb ist,
aber nicht wirklich **AN** Ihn glauben und an
DEN Ernst seiner Worte,
ihn also nicht wahrhaft **LIEBEN**, dann ist
GOTT gar nicht so lieb,
wie wir es gerne hätten.

Zu sagen: **ICH**
HABE
KEINE
SÜNDE ist schon die (schw)erste!

Wenn ich sage: **ICH**
HABE
KEINE
SÜNDE! dann
führe **ICH** mich selbst
in die **IRRE** und die Wahrheit
ist **NICHT** in mir!

(1 Johannesbrief 1,8)

ICH TUE mir einen Dienst, wenn ich an das
Gute in mir glaube, je**DOCH** darum weiß,
dass **NICHTS** in mir vollkommen ist -
und auch **BÖSES** durch mich geschieht.

ES wird sich am Ende zeigen;
dann **GIBT** es
KEINE Ausflüchte mehr. Da wird sichtbar werden,
wer ich in **WAHRHEIT** bin.

Wer sagt, das ihm **DIE**
KIRCHE nichts mehr zu sagen
HAT,
der scheint **MIR** sehr gefährdet,
denn bald hat er **NICHTS** mehr
über Gott **ZU**
SAGEN.

Wie ist **DER**
LIEBE GOTT denn?
Er **IST DOCH**
NICHT SO, wie wir ihn gerne hätten.
Er ist ganz anders.

Wenn **ABTREIBUNG**
ein Anspruch **IST**, wie behauptet wird,
dann sind vor Gott solche **FRAUEN** - oder auch Männer -
vollkommen im Un**RECHT!**

Wer s**ICH** vor Gott ganz
er**HABE**n fühlt und sich
von **GOTTES** Zuwendung trennt,
lebt bald **GNADE**nlos in
lauter **NICHT**igkeiten. Und
braucht **NÖTIG**er denn je....Gnade
(und Erbarmen)!

Wenn **DER MENSCH** meint,
er **DARF**
ALLES TUN
WAS
ER kann,
dann **KANN** es sein, dass er bald nicht mehr Mensch sein darf.

Wer s**ICH**
ver**BETE**n hat
an das **SONNTAGS**gebot erinnert zu werden
der steht ganz schön **IM WALD!** (und sollte sich vom Förster
beerdigen lassen).

Wenn **ICH** mich
an Gott **BIN**de und nach
s**EIN**en Geboten lebe,
bin ich **FREIER** als
jeder **MENSCH**
der sich für frei hält,

Gott spr**ICH**t:
Ich **BIN** der
HERR und
ÜBER mir ist keiner.
MEIN bist du, Mensch.
Von mir hast du dein **LEBEN!**

ES GIBT im Leben
KEINEN schöneren Moment
als wenn ein Mensch **GOTT**anbetet

Wer sagt: **ICH**
BIN
MEIN eigener Herr,
der wird aus **EIGENER** Schuld
die **HERR**schaft Gottes nicht finden!

MANch einer
MUSS erleben, wie
POLITISCHe
KORREKTheit nichts anderes ist
als ein Gegenwärtig**SEIN** von Lug und Trug und Feigheit.

Wenn **JEDER**
so **IST** und nur an
SICH SELBST denkt,
dann ist er **DER NÄCHSTE,**
an den andere nicht denken werden, wenn er sie braucht!

JEDER
IST sterblich und
wird an **SICH**
SELBST ablesen können,
dass er **DER NÄCHSTE** sein kann, den es ereilt.

Wenn du in Eile und **HAST DU**rch dein Leben rast
um **WAS** zu haben
DANN kannst du nie erfahren
dass du schon wertvoll **BIST**
lange bevor **DU WAS** hast.

HAST DU
WAS
DANN
BIST
DU vor Gott
noch lange nicht das, **WAS** du hast.

HAST DU
WAS Gutes getan
DANN
BIST DU
WAS Gutes!

Dein **GEIZ**
IST der
GEILste Weg zur Hölle.

„**WIR**
GLAUBEN, dass man Gott mit Mühen suchen muss."
Sagen die Weltreligionen.
DOC das Christentum weiß, dass Gott
uns **ALLE** durch Christus schon gefunden und erlöst hat.
DAS ist ein Unterschied wie Tag und Nacht
und absolut nicht das**GLEICHE!**

Wenn **WIR** nur uns selbst
LIEBEN und
für uns **DAS LEBEN** suchen,
dann verspielen wir **DIE LIEBE**
UND
DIE Freude daran geht uns
ver**LUST**ig

Was nutzt **DIE** beste
GESUNDHEITohne Gott?
Wenn die Seele gesund **IST** und im Einklang mit Gott,
dann ist **DOCH DAS**
HÖCHSTE GUT erreicht.

JEDER Mensch
SOLL nach Christus und
NACH SEINER Lebensart schauen,
damit er selbst die **FASSON** erreicht,
mit der er **SELIG**
WERDEN kann.

DIE KIRCHE hat Gott sei Dank
den Moment **VERPASST**, um
DEN ZUG DER ZEIT zu erreichen,
der auf falschem Gleis in den Abgrund rast.

NACH DEM
TOD IST es aus mit unseren Mühen.
Dann empfängt, wer glaubt, **ALLES** Gute und das Leben
AUS Gottes Hand.

NACH DEM
TOD IST es aus mit aller Beliebigkeit.
Dann steht **ALLES** auf Messer´s Schneide
und **AUS** Spiel wird Ernst

DIE nicht
IN DIE KIRCHE kommen,
denen **GEHEN** Glauben und Gott irgendwann verloren
und sie **SIND**
dadurch **AUCH** noch Verlierer.
Wäre es für sie **NICHT BESSER** jeden Sonntag
das große Los zu ziehen?

Egoismus ist völlig **UNTERM**
STRICH sagt Gott!
Am Ende **ZÄHLE**
ICH was du Gutes getan hast,
spricht der Herr, dein Gott!

UNTERM
STRICH
ZÄHLE
ICH eines Tages meine versäumte Liebe!

Wer **EIN**en
SEITENsprung für Spielerei hält,
der hat einen **SPRUNG** in der Saite und es
IST DOCH NICHTS SCHLIMMES
bei dem mal andere Seiten (Saiten?) aufzuziehen.

Manch einer, der dem Papst
NICHT sein Amt lassen will, wird bei genauerem
Hinsehen viel **PÄPSTLICHER**
ALS DER PAPST SEIN!

Wenn irgendwann **AKTIVE**
STERBEHILFE überall zugelassen ist, dann
IST DAS RECHT DES MENSCHEN
auf Leben bald nicht mehr gültig.

Manches **EMANZIPATION**sbestreben
BEFREIT
DIE Gesellschaft davor, die eigentliche
Würde der **FRAU** zu beachten, die im
Muttersein liegt **UND** ihr die unvertretbare
MACHT gibt, Leben zu hüten. Mit diesem Vorsprung
ist **SIE** mit keinem anderen
GLEICH zu setzen.

NIEMALS
GEHT man *s o* ganz und *s o* vollkommen fort,
als wenn **MAN** stirbt und
sich al**SO** von jetzt auf gleich
GANZ allein auf Gott einlassen muss,
ohne, dass mich **IRGENDWAS**
VON dieser Begegnung bewahren kann.
Was von **MIR** auf Erden
BLEIBT ist Staub
und **IMMER** das allmähliche Vergessen im Erinnern derer,
die vollmundig sagen, irgendwas von mir bliebe
immer **HIER!**

Wenn **DU** nach deinem Tod
nur **LEBST** in den Gedanken anderer, deren Leben nur noch
eine Zeitlang **WEITER** geht, dann bist du wirklich tot
IN alle Zeit und Ewigkeit.
Denn in **UNSEREN**
GEDANKEN liegen Gräber des Vergessens.

WIR
WERDEN
DICH
NIEmals
vor unserem **VERGESSEN** bewahren können!

ICH
HABE mich
durch **DIE**
KIRCHE
SATT gemacht an Freude.
Wer **DIE** starke Gegenwartskraft

und Zukunftsperspektive der **KIRCHE** übersieht,
der **IST**
VON
Vor**GESTERN!**

Seit 2000 Jahren ist **DIE**
KIRCHE unterwegs
und **GEHT ALLEM**
ANSCHEIN NACH lebendig weiter,
geht uns munter **VOR**aus in die Zukunft.
Und stets waren es **DIE**
HUNDE die starben.

Wenn **DER**
ZÖLIBAT seine Kraft entfaltet,
IST manches Vorurteil darüber
EIN schrecklich
VERALTETER
ZOPF

GOTT,
IST es wirklich so,
dass du **LIEB** sein sollst, wie ein großer Hund,
von dem **DER** Besitzer sagt:
Keine Angst, der **TUT**
NICHTS!

Diejenigen, die **FORT-**
schreitend alle Werte über Bord werfen; sind **SCHRITT-**
macher der Vergäng**LICH**keit.
Da **IST** es doch
BESSER, Lebensnotwendiges zu bewahren
ALSo
KONSERVATIV zu sein.

JEDER
RÜCKSCHRITT am Abgrund
IST EIN Fortschritt und bewahrt uns vor
VERLUST an Leib und Seele.

Mit der **UNFEHLBARKEIT** mancher
Stammtische, Pfarrgemeinderäte, Seelsorgertreffen und Talk-Shows, wenn es um die
Kirche geht, **KANN**
ES der Papst und kann es
die Kirche überhaupt **NICHT** aufnehmen; da müssen
sich beide absolut geschlagen **GEBEN!**

Falls **JEDE ANDERE LEBENS-**
GEMEINSCHAFT meint,
sie **IST DER EHE VÖLLIG** gleich, dann ist dieser
Gedanke **GLEICH ZU SETZEN** mit totaler Unlogik!

DIE KIRCHE aus Sündern (Du und ich!)
HAT für alle, die vor Gott
SCHULD ig geworden sind, eine gute Nachricht:
Jesus hat alle Schuld längst **AUF SICH GELADEN!**

Wenn **DIE**
KIRCHE ohne
tiefen Glauben **IST**, dann bleibt sie Gott als erstes
die Berufungen **SCHULD** ig.
AM Fehlen von
PRIESTER -weihen
zeigt sich zumeist ein Glaubens**MANGEL** der „Gläubigen".

Wer die **DIE KIRCHE**
gegen den Ge**IST** und den Auftrag Jesu ausspielen will,
der wird dabei leicht **UNBARMHERZIG!**

DIE KIRCHE
IST an Gnaden und Heilmitteln
VIEL ZU
REICH. Viel zu wenige nehmen ihr was ab.
Kommt und beraubt sie!

DIE
KIRCHE
SOLLTE denen, die sagen: Die Kirche sollte
IHREN REICHTUM VERKAUFEN
UND DEN
ARMEN geben, mal deutlich sagen: Sie sollten ihren
Reichtum verkaufen und den Armen
GEBEN anstatt nur zu sagen, die Kirche sollte
ihren Reichtum verkaufen und den Armen geben

Es stimmt: **DIE IN DIE**
KIRCHE GEHEN
SIND AUCH NICHT immer bessere Menschen,
aber sie sind im End-Effekt (!) **BESSER** dran als die anderen.

Wer **DAS** Geschehen unserer Zeit
un**MITTEL-**
bar betrachtet, muss unser Zeit**ALTER**
wie es bisher **WAR** in vielen Dingen
für **EINE**
FINSTERE
ZEIT halten.

Wer **DAS**
MITTELALTER respektvoll betrachtet,
so wie es **WAR**, kann es nie nur
für **EINE**
FINSTERE
ZEIT halten.

DAS was unsere Zeit so
alles an **FINSTERE**n
MITTELn benutzt, lässt sie im Vergleich
zu früheren Zeiten **ALT ER**scheinen.

Während **DIE KIRCHE** ihrer Zeit längst voraus im
Morgen Gottes ist, **MUSS** man am Geruch mancher ihrer Kritiker
feststellen, dass sie mit ihren Ladenhüter-Ideen
längst am ver**MODERN**
SEIN müssen.

Wenn **DER**
WEG schon das Ziel
IST dann
ist **DAS**
ein ge**ZIEL** tes Ablenken vom Ziel.

Wenn **DER** unausweichliche Stau auf der Autobahn
auf dem **WEG** zum Urlaubsziel es
IST, der mir Zeit und Beweglichkeit raubt,
dann glaube ich nicht, **DAS**s der Weg schon
das **ZIEL** sein soll.

DERjenige Christ, der
unent**WEG** sagt, dass der Weg
doch schon das Ziel **IST**, bei dem habe ich den
den bösen Verdacht, **DAS**s ihn
das **ZIEL** nicht so richtig interessiert.

Wenn **DER**
WEG das Ziel sein soll,
dann **IST** es bei einer Schwangerschaft völlig
unnütz, **DAS**s noch eine Geburt folgen soll. Ich glaube also
nicht, dass der Weg das **ZIEL** ist.

DER
WEG
IST
DAS
ZIELerreichungsmittel.

Die folgenden Aussagen sind wie die Erkenntnisse aus einer Gewissenserforschung: ich merke, es ist gar nicht so, wie ich es geglaubt habe. Das Kleingedruckte ist sozusagen die Gegenrede aus dem „Buch meiner Wahrheit“:

GOTT
ICH weiß,
meine **LIEBE**n Ausreden
enttäuschen **DICH** heftig

ICH
GLAUBE
dass ich oft **AN**
GOTTes Anspruch vorbei lebe.

GOTT wenn ich ehrlich bin:
DU BIST ganz selten
MEINE NUMMER EINS gewesen.
IM LEBEN liefst du ganz oft
unter ferner liefen

GOTT
ICH BETE
in der **REGEL** -
recht **MÄSSIG ZU DIR**

ICH TUE
NICHTS, wo ich zupacken könnte,
BÖSES lasse ich geschehen, ohne etwas dagegen
zu tun **UND** meine
Ver**SUCHE DAS GUTE**
zu tun, sind eher gering

Der Mensch geht schon immer „trickreich“ mit Gottes Weisungen um. Hier folgen Gegen-Reden aus dieser menschlichen Geschicklichkeit, alles zu relativieren. Übereinstimmungen mit der Wirklichkeit sind natürlich rein zufällig und überspitzt:

So spricht das Ich zur Seele im Menschen:
ICH BIN DER HERR!!!
Und **DEIN GOTT** kann mir nichts sagen

DU SOLLST DEN HERRN DEINEN GOTT allezeit daran erinnern,
dass du nur einen **LIEBEN** Gott brauchen kannst (wenn überhaupt)

DU SOLLST DEINEN NÄCHSTEN dazu bringen,
dich ganz genau so zu **LIEBEN WIE** du
DICH SELBST liebst

DU SOLLST KEINE Gelegenheit auslassen,
dich mit **FREMDEN GÖTTER**n zu verbünden.
Gott selbst kannst du dir **NEBEN**bei halten, für alle Fälle. Du wirst erkennen:
„Die anderen Götter bringen **MIR** mehr für Lust und Leben und bei
ihnen werde ich meine Ruhe **HABEN** vor irgendwelchen Geboten.“

HALTE dich (als Menschen Sohn) für den absoluten
Herrn über **DEN SABBAT** und mach daraus einen Tag, an dem
dir deine Selbstverwirklichung
und deine Eigeninteressen
absolut **HEILIG** sind.
Denk daran: du bist niemand verantwortlich!

DU SOLLST von
DEINEn ELTERN erwarten,
dass sie sich nicht w**EHREN** wenn du ihnen deine Zuneigung schuldig bleibst.

DU SOLLST NICHT
voreilig das **TÖTEN** als solches bezeichnen, sondern es schlichter nennen: etwa Abtreibung oder reproduktive Gesundheitsvorsorge der Frau

---

DU SOLLST NICHT zögern, wenn du Lust empfindest, **DIE** Eintönigkeit
deiner **EHE**
aufzu**BRECHEN** zu mehr Abwechslung und gegen graues Einerlei.

DU SOLLST
dir von Gott **NICHT** die Zeit
STEHLEN lassen, etwa für Gebet oder Gottesdienst!
Die eine Stunde am Sonntag nimmt dir auf Lebenszeit immerhin ca. 4.000 Stunden weg!

DU SOLLST
NICHTS FALSCHES auslassen, wenn du es
erfolgreich **GEGEN DEINEN NÄCHSTEN**
SAGEN kannst – zu deinem Vorteil.

DU SOLLST
NICHT LÜGEN als Lügen
bezeichnen, sondern es ist deine Sicht der Wirklichkeit.
Beachte: Es gibt keine Wahrheit! Außer der deinen!

DU SOLLST NICHT versäumen,
dein **BEGEHREN** auszuleben,
zum Beispiel **DEINES NÄCHSTEN FRAU** zu lieben.
Es ist Nächstenliebe, die Nächste zu lieben.
Und wenn du dieses Wollen in dir trägst, musst du es ausleben,
sonst verpasst du deine Selbstverwirklichung.

DU SOLLST NICHT versäumen,
zu **BEGEHREN**,
was **DEINES NÄCHSTEN**
HAB UND GUT für dich an Annehmlichkeiten
bietet. Was du dir nimmst, hilft dem anderen, solidarisch mit dir zu sein. Du tust ihm einen Dienst und verhilfst ihm zu passiver Nächstenliebe.

UND GOTT SCHUF MANN UND
FRAU, SEGNETE SIE
UND SPRACH: SEID zurückhaltend mit eurer
FRUCHTBARkeit
UND
ver**MEHRET** lieber euren Besitz; der wird
EUCH lieben und euch Freude bringen.

DARUM VERLÄSST DER MANN seine Frau
wie damals **VATER UND MUTTER**
UND
VERBINDET SICH
MIT SEINER zweiten oder dritten
FRAU

Wer will schon mit Sicherheit wissen,
WAS GOTT VERBUNDEN HAT ?
DAS DARF keiner,
DER wie Gott barmherzig sein will,
einem anderen **MENSCH**en antun, indem der diesem sagt,
er dürfe sich **NICHT TRENNEN!** Heißt es nicht sogar:
loslassen sei besser als festhalten?

Doch zu guter Letzt dieses - bange Frage auch im Herzen von Agnostikern:

Wenn du noch ein klein wenig sehnsüchtig b**IST**
nach **GOTT** und auch nur mit kleinem
Funken **WIRKLICH** auf ihn hoffst,
DAnn wirst du ihn finden
UND erfahren,
dass er ganz sicher **F Ü R**
U N S da ist.
Was kann dir **DA**
noch schaden **?**

Kapitel 3
Wort-Schatz, Gedankenblitze, Aphorismen, Wort-Spiele
Sätze rund um das Wort

Die Ehe ist nicht ein **Duell,**
sondern soll ein **Duett** sein.__

Manche Ehe ist wie ein Duett
Nimmt man die beiden **„L"** fort
(wie Lässigkeit, Lieblosigkeit)
und setzt an ihre Stelle zwei „**T**"
(wie Treue, Taten der Liebe…)
dann wir die Ehe zum **Duett**
D
u
e
Lässigkeit
Lieblosigkeit
D
U
E
Treue
Taten der Liebe__

Sposare-
das italienische Wort für
heiraten
wird im Wörterbuch
sogleich gefolgt von
spossare-
dem Wort für
erlahmen
ermüden.
Nur ein S mehr
und schon wird aus einer so
prickelnden Angelegenheit,
wie es die Ehe sein kann,
eine lahme und müde (wenn wir nicht
aufpassen!). (S wie schal, salzlos,
seicht, sachbetont, schläfrig...) __

Eheleute in Krisen
sollten sich aussprechen,
bevor sie „Aus!" sprechen
Manchmal helfen persönliche
Aussagen
bevor sie ein „Aus!" sagen

Wichtig wäre, dem Schweigen
abzusagen
anstatt einander schweigend
„Ab!" zu sagen

Eine liebevolle An-Sage sagt an
was noch drinsteckt.
Wer „An!" sagt
spricht nicht vom Happy End
sondern vom glückenden An-fang
der jeden Tag möglich ist

Einander also Liebe zu-sagen
anstatt dem anderen „Zu!" sagen
wenn er mir liebevoll nahe sein will__

Gebetszeit nehmen

Die Zeit, die du dir nicht für das
Gebet nimmst,
die wird dir im Alltag genommen
werden.
Wer hat, dem wird gegeben
werden.
Wer nicht hat, dem wird
genommen werden. __

Wenn wir aus dem
Geheimnis ausziehen
sind wir bald
heimatlos.
Wenn wir unsere
heiligen Orte >

verallgemeinern,
werden sie „gemein".
Leere kalte Räume
bleiben zurück
und ihre Wände
werfen kein Echo zurück
das uns Trost gibt __

Geh **heim**
Geh **heim** nis
Geh **heim** ins
Haus der Geborgenheit
Geh
Geh **heim**
Ge**heim**nis
des Glaubens __

Zwölf-Uhr-Läuten

Die Glocke läutet mir
Gott in die Erinnerung.
Sie unterbricht das Kreisen
um mich selbst,
das Pflichtrad der Arbeit –
und läutet mich
hinein ins Weite.
Ich lausche dem
Glockenschlag
und bin abgehoben
von Erdenschwere.
DU stehst mir vor Augen
DIR SEI DANK,
dass du für
einen Moment
meinen Eigensinn
unterbrichst.
Ich fahre meine
Antenne auf
Dich hin aus.
und koste den
Atem
den die Pause
mir vermacht.
Solche
Unterbrechung
tut wahnsinnig
gut. __

Engel des Herrn

Komm
mit deinem Flügel
berühre mich damit
nimm mich unter
deine Fittiche
beflügele mich
der ich auf der Stelle trete
an der Erde klebe

Bring mir eine Botschaft
die mich erhebt
Sursum corda!
Das Herz nach oben
dass ich mich erhebe
nicht auf der Stelle trete__

An-Betung.

Ich bete dich
an
an dich bete ich
mich

mich
biete ich
dir
an
an
dich biete ich mich >

ich reiche
dir
den kleinen Finger
du
nimmst
mein Herz __

Wieder da

Fortgelaufen warst Du
mir
abhanden gekommen
oder
ich
Dir

mein Beten
mühsam
wie leeres Stroh
wozu die
Worte

Jetzt bist
Du
wieder da
plötzlich
spür ich
eine Antwort

DANKE! __

Der Mensch
hellwach
und nicht
verpennt
hat sich
geheim
von Gott
getrennt
Er nahm
sich frei
und machte
Schluss
lebt lieber
doch
auf eignem
Fuß

Er nahm
sich mit
was ihm
gehört
der Abschied
hat ihn
nicht gestört

Er nahm den
Himmel
sich hinweg,
nun steht er
bis zum Hals
im Dreck
denn Staub ist er __

Staub

Ich stehe am Waschbecken,
habe Wasser
einlaufen lassen und
wasche mich mit
diesem Wasser.
Und siehe da:
das zu Beginn klare Wasser
ist trübe geworden,
der Schmutz von meinem
Körper hat es verdreckt. >

Dein Leben ist ein Dreck, denke ich;
ja Staub bist du und zum Staub kehrst
du zurück.
Und nur Gott kann dich aus diesem
Dreck in die Höhe erheben,
der Sonne entgegen. __

Herz los.

Der ist herzlos -
sagten die Leute über den Mann.
Wo hat der nur sein Herz
gelassen?
Auf dem rechten Fleck
hat er es jedenfalls nicht mehr.
Als er starb, fanden sie in seinem
Nachlass eine große Kiste.
Sie öffneten sie und sie war voller
Geld.
Obenauf lag, immer noch zuckend, das
Herz dieses Mannes.
Wo euer Herz ist,
da wird auch euer Schatz sein.
Beim Ball der einsamen Herzen
wurde der Mann nicht zugelassen.
Du hast dein Herz an Gold und Geld
verloren -
bedeutete man ihm.
Wo dein Schatz ist,
da wird auch dein Herz sein. __

Übergeben.

Mir wird schlecht
von der Fülle.
Dieses Leben kotzt mich an.
Ich übergebe mich
an Gott.
Er bringt mich neu auf den
Geschmack __

Jede Kirche ist ein **Denk mal**.
Sie lädt ein:
Denk mal wer du bist?
Denk mal was dein Lebensziel ist?
Denk mal wer ist dein Gott? __

Zeit ist Geld!
Geld ist viel da
Zeit ist rar
Es ist an der Zeit,
dass aus Geld wieder Zeit wird __

Zeitzeichen

Nicht der Muezzin
ruft´s von unserem Turm -
der Engel des Herrn
läutet uns dreimal am Tag
die Ohren voll.
Schon zu biblischen Zeiten
brachte er die Botschaft
Warum nicht auch heute?

Der Engel des Herrn
lädt ein zum Gebet
zum kurzen Innehalten
neun Glockenschläge lang
Sein Geläute
ist ein freundliches
Erinnerungszeichen.

Roll doch auch du
den Teppich deiner Gebete jetzt aus
und lass dich davon tragen
wie von einem fliegenden Teppich.

Dein Gebet entrückt dich
einen Augenblick lang
ins Himmelblau __

In allen Farben leben.

Wenn du mir
morgens schon
das Blau
vom Himmel
zeigst,
Gott,
dann brauche
ich es mir
tagsüber
nicht
herunter
zu lügen. __

Ich liege
in der
grünen Wiese
und schaue
ins
Himmelblau
und muss
mich nicht
grün und blau ärgern
Bevor ich mich schwarz ärgere,
gehe ich ins Grüne
und mache einfach blau. __

Die gelben Punkte
des Löwenzahns
und der Butterblumen
in der grünen Wiese
sehen so aus
als hätte die Sonne
dort kleine Sterne gesät
Überall
leuchtend gelber
Ginster
auf den Wiesen
an den Hängen
Er zieht
meine Augen
wie magisch an
Ich kann mich
nicht satt
sehen daran
Schön
wenn die Natur
ihren Osterschmuck
anlegt
Überall steht
jetzt geschrieben:
Das Leben ist
stärker als der Tod.
Halleluja __

Wenn man
Selbstverwirklichung
nicht so ganz genau ausspricht,
hört es sich schnell an wie
Selbstverwirkung.
Erst im DU und WIR
beginnt das Selbst zu WIRKEN
und verwirklicht die
von Gott geschenkte Person.
Nur am Selbst zum DU wirkend -
verwirklicht der Mensch sich
Selbst __

Vor lauter **Sorge**
um irdische **Vorsorge**
gerät der Mensch in den
Nachteil __

Interessante Frage

Die Frage ist heute nicht, weshalb eigentlich nur noch so wenige Katholiken sonntags in die Messe gehen, sondern warum denn eigentlich noch so viele Leute in die Kirche gehen. __

Oh, wie heilig bist du Kirche
schon auf Erden,
trotz deiner Sünden.
Du leuchtest mir heim,
suchst mich Heim.
In dir allein finde ich das Angeld des Himmels.
In deinen Liedern und Gebeten,
in deinem Glauben atme ich schon jetzt
den Wohlgeruch der himmlischen Stadt.
Kirche – du Braut des Herrn,
verachtet, verkannt, von mir gelästert -
führst mich doch vom Abbild zum Urbild, vom Glauben zum Schauen.
Kirche – Preis dir um Christi Willen,
vom Himmel herabgestiegene Stätte,
auf dass wir zum Himmel heraufsteigen. __

Dem Recht der Gemeinde auf die Eucharistie,
(wenn es dieses Recht gäbe
denn vor Gott gibt es keine Rechte)
entspräche die Pflicht der Gemeinden,
Priester zu stellen,
und zwar so, wie sie von der Kirche bezeichnet sind.
Doch da ist man
plötzlich nicht zuständig. __

Eines Morgens stehen wir auf
und stehen dazu.
Eines Morgens wachen wir auf
und sind aufgeweckt.
Eines Morgens öffnen wir die Augen
und sehen.
Eines Morgens bewegen wir
die verschlafenen Glieder
und sind bewegt.
Eines Morgens öffnen wir die Ohren
und hören.
Eines Morgens wachen wir auf
und werden Christen sein. __

Vor der Hochzeit der Körper
braucht es die Hochzeit der Seele,
sonst ist die Seele
traurig und insgeheim verletzt.

Im Leben von Paaren steht vielfach
schnell ein Bett, aber keine Couch
zum Reden.
Miteinander schlafen ist häufiger
als wirklich miteinander reden. __

Der katholische Glaube besitzt ein
besonderes und würziges a**ROM**a,
weil **ROM** uns Geschmack gibt
und guten Stallgeruch.
Manch einem stinkt **ROM**, andere
lieben den Duft römischer Weisheit.
Sie erleben ihn als Wohlgeruch ihres
Glaubens – dieses a**ROM**a. __

Wie ein Blitz von jetzt auf gleich von
oben nach unten
kommend die Erde trifft,
so geschieht es jedesmal in der >

hl.Messe bei der Wandlung.
Christus ist da! Gott ist gegenwärtig,
er berührt die Erde, er berührt mich.
Blitzlichtartig ist alles anders als
vorher. __

Man muss heutzutage zwischen
Gewissen und Irrwissen
unterscheiden –
letzteres ist das verunstaltete Gewissen,
das nicht mehr orientiert ist am
GEmeinschaftsWISSEN der Kirche,
sondern sich festgemacht hat am
IRRenden WISSEN. __

Grüne Logik

Um die Massentierhaltung zu
reduzieren
wollten die Grünen in den Kantinen
verpflichtend
einen fleischlosen Tag einführen.

Ich habe ein anderes Verbot
vorzuschlagen:
bei Unverheirateten wird der
Sexualverkehr
verboten, damit die Massen-Abtreibung
reduziert wird.
Das wäre doch ganz im Sinne einer
Naturschutzpartei,
wie es die Grünen einmal waren.__

Schizophrenie

Jeden Baum schützen
jedem Frosch über die
Straße helfen
jede Vogelbrutstätte
verteidigen
nur das menschliche Leben nicht
nur das Kind im Mutterleib nicht
nur den Mutterschoß nicht:
die uns einst den Respekt
vor der Natur lehrten
lehren uns jetzt das Grauen __

In der Zeitung lese ich verwundert:
das Fällen einer Eiche wurde
verboten,
weil dort ein Taubennest war.
Der Mensch – ein wahrer Tierfreund.
Traurig stelle ich fest,
dass ein im Mutterleib getötetes Kind
diesen Schutz nicht hat.
Der Mensch – ein Naturfreund.
Und kein Freund seiner selbst? __

Bekenntnis = Kenntnis
bekennen = kennen
Ich bekenne Gott, dass ich den
Glauben kenne,
also ein Be-Kennender bin.
ein Be-Kannter.
Ich nehme zur Kenntnis,
dass mein Kennen wichtig ist
für´s Be-kenntnis.
Un-Kenntnis verhindert das Be-
Kenntnis.
Kennen bedeutet auch Wissen,
Teilnahme am
GEmeinschaftsWISSEN.
Ohne Gewissen kein Wissen, kein Be-
Kenntnis-
Un-Kenntnis über den Glauben
verhindert auch Er-Kenntnis.
Das Schuld-und das
Glaubensbekenntnis in der Messe >

laden ein zur Er-Kenntnis zu kommen,
die eigene Un-Kenntnis zu erkennen.
Damit der Glaube nicht bis zur
Unkenntlichkeit
verzerrt wird. __

Buchstabentausch.

Geht ein Pfarrer in den Ruhestand,
heißt es P.i.R.
Ruft Gott ihn heim in den ewigen
Ruhestand, dann
liest man die Abkürzung von hinten
nach vorne:
R.i.P.
Requiescat in pace.
Ruhe in Frieden! __

Wortspiel

Das Wort **ALTERNATIV** trenne
ich mal in **ALTERN** und **ATIV.**
Letzteres hört sich fast wie **AKTIV** an.
Das muss sich nicht ausschließen:
ALTERN und **AKTIV** sein.

Trenne ich jetzt in **ALTER** und **NATIV**
dann scheint neben dem Wort **ALTER**
das Wort **NATIV** auf
und erinnert an **NATIVITAS**,
die Geburt.
ALTER: die zweite Geburt? __

Es geht daneben

Das griechische Wort für Sünde:
hamartia,
bezeichnet einen Speerwurf, der
daneben geht.
Sünde ist Zielverfehlung.
So vieles wird auf den Weg gebracht
ohne das Ziel zu finden.
So vieles geht völlig daneben. __

Geschlechtergerechte Sprache I.

Männlich dominierte Wörter sind
auszutauschen,
ER-kennen, ER-fahren, ER-dulden sind
diskriminierende Worte,
weil nur das ER darin vorkommt.
Geschlechtergerecht muss es heißen:
Er/siekennen, er/siefahren,
er/siedulden.
Und auch in anderen Worten, wo das
ER versteckt auftaucht,
gilt es eine radikale Gleichstellung
herzustellen:
H*er*kunft – Her/siekunft
be*er*digen – beer/siedigen.
Selbst der Vorname Herrmann muß
dran glauben.
Gerechter heißt es jetzt:
Her/sie/mann/frau.
So heißt denn auch der entsprechende
Begriff zu
„herrlich“ schlicht und einfach
„dämlich“.
Auch das ist geschlechtergerechte
Sprache. Und ihre Begriffe.
Jedenfalls sind viele einfach so! __

Geschlechtergerechte Sprache II

Nach staatlichem Geheiß und
Genderlogik
muss es demnächst heißen:
Mann_innen und Frau_innen.
Sonst wäre es Diskriminierung.
(Pardon: das Wort „die
Diskriminierung“ >

ist einseitig weiblich und damit verboten!).

Doch mit dem Wörtchen „innen“ machen wir alles gerecht und bügeln es gleich.
So gibt es Jung_innen, Mädch_innen, aber auch Schreibmaschin_innen, Brüder_innen und Schwester_innen.

Am wichtigsten ist dabei das Wort sp_innen,
denn das tun alle geschlechtergerechten Sprachzerstörer_innen,
Es muss in ihnen dr_innen und wegen dieses _innen in ihnen mächtig sp_innen.
So lege ich meine Füller_innen weg, schließe das Heft_innen und gehe nach außen an die frische Luft_innen __

Geschlechtergerechte Sprache III

In amtlichen Dokumenten ist die Bezeichnung Vater und Mutter aus Nichtdiskriminierungsgründen durch Elter 1 und Elter 2 zu ersetzen.
(Dienstanweisung einer fortschrittlichen Behörde)
Folgerung daraus:
Muttersprache, Vaterland, Mutterwitz, Vaterhaus…. diese und andere althergebrachten Bezeichnungen sind laut Gender-Ideologie diskriminierend und müssen ersetzt werden.
Nennen wir es doch
Elter 1 (oder 2)sprache
Elter 1 (oder 2)land >
Elter 1 (oder 2)witz
Elter 1 (oder 2)haus.

Und selbst das Vaterunser muss dran glauben:
Elter 1 (oder 2)unser
- und das Ave Maria auch:
Heilige Maria, Elter 1 (oder 2) Gottes…..
Wissen die, die solchen Nonsens in Gang setzen eigentlich, wie bescheuert sie sind? __

Die Kirche ist weiblich – theologisch (und auch grammatikalisch):
d i e Kirche.
Auch das Wort Christen ist weiblich:
d i e Christen.
Also ist die Ausdrucksweise
Christinnen
eine unnötige Verdoppelung.
Lediglich in der Einzahl
wäre es sinnvoll:
der Christ, die Christin.
Christinnen ist wie
Frauinnen, Weibinnen.
(Wir Männer halten es aus,
dass *die* Kirche und *die* Christen weiblich sind). __

Geschlechtergerechtes Händewaschen

Wie eine Kabarettistin folgerichtig feststellte, kann man sich jetzt wahlweise die Hände am Wasserhahn oder auch am Wasserhuhn waschen.
Vielleicht auch an der Wasserhenne?__

Alt. Jung. Älter. Jünger

In jedem Lebens**ALTER**
können wir ein **ALTER** Christi werden,
ein anderer Christus, von ihm umgestaltet.
Mögen wir in diesem Sinne ein hohes **ALTER** erreichen,
also Christus immer ähnlicher werden.
Je **ÄLTER** wir auch werden
wir können doch täglich
JÜNGER werden –
Jünger des Herrn.

Der Priester (von griech. presbyter)
ist ein **ÄLTESTER**
der dabei mithilft,
dass andere
JÜNGER werden.

Man nennt uns heute noch **JÜNGER**
obwohl wir mit unserem Glauben
manchmal ziemlich **ALT** aussehen

Menschen werden **ÄLTER** und Sterben.
Christen werden **JÜNGER**
und leben __

Wer in den Urlaub fahren will
und zuhause das Gepäck so gerade ver**STAU**t hat und dann auf der Autobahn gleich in einen **STAU** gelangt, der erfährt denselben als großen **STAU**raum.
Für den bekommt auf einmal das Wort **STAU**nen einen ganz neuen Sinn.
STAUb ist.
Er wird erkennen, dass der Mensch nur Der wird dann zum Patron der **STAU**fahrer beten,
zu St.Augustinus,
besser **STAU**gustin, der bei Bonn ein eigenes Autobahndreieck (mit **STAU**) unterhält. __

Gleichberechtigung?

Die Frau soll also Priesterin werden,
heißt es überall unisono:
Anteil haben am Amt, teilnehmen an Verantwortung. In nichts hinter dem Mann zurückstehen.
Ist das eine Denkkategorie im Reich Gottes? Es gibt Theologinnen, die sagen: die Frau in der Kirche habe von ihrem Wesen und ihrer Botschaft her bereits in sich einen uneinholbaren Vorsprung – auch ohne Ordination; und zwar auf eine Weise, die sich nicht mehr überbieten lässt,
die das Priestertum des Mannes gar nicht braucht, um groß zu sein
im Reich Gottes?
Sie sei groß ohne Weihe.

Als Lebenspenderin und –hüterin
sei sie Gott viel näher als der Mann.
Lange, bevor es Petrus gab, den Mann, gab es Maria, die Frau. Maria, die Frau ist erste Wahl, das Amt erst zweite!
Soll man/frau zulassen, dass dieser Vor-Sprung eingeebnet wird durch Ordination, durch Sub-Ordination, d.h. Unterordnung in die Struktur des Männlichen, in die zweite Reihe? Soll die Frau diese Würde des Vorsprungs aufgeben? Was gewinnt sie dabei – was verliert sie? >

Kann die Frau dort „ihren Mann stehen“, wo Christus, der Mann, dargestellt werden soll? Soll die Braut den Bräutigam spielen? Wird die Rollenverteilung da nicht verwirrt? Ist Gleichberechtigung hier die richtige Kategorie....? Gleiche Würde: Ja! Aber auch gleiche Rolle? Viele Fragen... Keine einfache Antwort! __

Mein **i c h** versteckt sich im m **i c h**
Mich hätt´es lieber im d **i c h**.
Bleibt das **i c h** im m **i c h**
sich seine Kraft vern **i c h** tet.
Geht mein **i c h** aus s **i c h** heraus
sich seine Kraft verd **i c h** tet.
d **i c h** sprechend ist mein **i c h**
viel stärker als im m **i c h**.
Mein **i c h** ist im d **i c h** zuhause
und geborgen.
O liebes **i c h**, zieh aus dem
m **i c h** heraus
und lass dich nieder im d **i c h**.

O mein Gott, befrei mein **i c h**
aus dem m **i c h**,
dass ich d **i c h** finden und
lieben kann. __

Liebe heißt
wenn das **i c h** aus dem m **i ch**
in das d **i c h** einzieht
und dort wohnt __
i c h
Mein **i c h** ist gefangen im (m **i c h**).
(m **i c h**), (m **i c h**), (m **i c h**) – so
denkt
mein **i c h**
Wer kommt und befreit mein **i c h**
aus dem (m **i c h**)
und führt es hinein ins D **i c h**?

Wenn mein **i c h** im D **i c h**
angekommen ist, sind wir ein wir
mein **i c h** im D **i c h** beschenkt
m **i c h**
D **i c h** liebend werde **i c h**
wenn mein **i c h** stets nur im m **i c h**
bleibt, verpasst es D **i c h**
mein **i c h** ist im D **i c h** gut
aufgehoben __

Ganz gleich in welchem Land
wir sind in Gottes Hand
ob weise und auf Erden reich
ob arm und einfältig im Himmelreich:
denn selig die Armen im ganzen Land
wie reich sie sind in Gottes Hand! __

Last minute.

Last-minute-Angebote im Reisebüro
sind äußerst begehrt.
Doch kaum einer kümmert sich um
seine persönliche last minute
und wohin die Reise dann geht,
wenn diese Reise zu Ende geht __

De**MUT**
Ar**MUT**
wohlge**MUT**
frohge**MUT**
An**MUT**
Über**MUT** >

soviel **MUT**
hatte Franziskus

und ich
habe das nicht! __

Komm, Herr Jesus – rufen wir.
Komm, sagt Jesus – zu uns.
Heißt es deswegen **Komm**union?

Für **Euch** hingegeben, sagt der Herr,
zu Brot und Wein.
Für **Euch** hingegeben, sagt der Herrn,
über sich selbst – ganz.
Heißt es deswegen **Euch**aristie?

Ihr soll von meinem Leib **Essen**,
sagt Jesus.
Heißen die Gottesdienste deshalb
Heilige M**essen**?

Weil sich mancher so ver **ir(r)te**,
heißt Jesus darum vielleicht
guter H **irte**?

Ist die Bereitschaft zum Be**reuen**
nicht die Voraussetzung, um
sich am Glauben zu **Freuen**? __

Komm, Herr Jesus, sei mein Gast,
erleuchte meines Herzens Last.
Komm in meinen Stall der Triebe
und verwandle sie in Liebe.
Komm in meinen Stall der Augen
und vertiefe meinen Glauben.
Komm in meinen großen Mund,
dass er Hoffnung gebe kund.
Komm, Herr Jesus, komm!
Lass deines Wortes Saat
aufgehen in Gebet und Tat. __

Täglich 75 Minuten Bewegung:
1,8 Jahre länger leben.
Das ist Statistik.
Was? 1,8 Jahre später in die
Vollendung?
Das ist Glauben. __

Zweifel I

Unser Wort **ZWEI** gehört auch mit
den Worten **ZWEI**fel,
ZWIEtracht, Zwist (=Entzweiung)
zusammen.
Zwei allein sind also immer gefährdet
und brauchen den Dritten im Bunde,
so in der Ehe.
„Ein dreifacher Faden reißt nicht so
leicht"
heißt es im Alten Testament.
Oder das Sprichwort:
„Aller guten Dinge sind drei!".
Drei Fäden heißt übrigens „Drillich",
ein Stoff.
Der eheliche Stoff, der gut hält, besteht
aus Zwei plus Eins.
Da wird aller **ZWEI**fel und alle
ZWIEtracht ausgeräumt. __

Zweifel II

Wo **ZWEI** zusammen sind, da gibts
auch **ZWEI**- FEL:
ZWEI FALTEN (so sagt es die
Wortherkunft), hinter denen man sich
verbergen kann. >

Wo ein DRITTER dazu kommt –
so lesen wir die Emmausgeschichte –
da macht er aus >
ZWEI - FEL Einigkeit und Sicherheit,
aus **ZWEI** FALTEN wird
EINFÄLTIGKEIT, was in der
Wortbedeutung EINFACHHEIT heißt
– Schlichtheit des Herzens:
also kein Versteckspielen mehr hinter
Falten.
Jesus sagt: Wo **ZWEI**FEL sind,
wo **ZWEI** ALLEINE
sind, da bin ich dabei und es
wird EINS.__

Fort-Schritt.

Jeder Schritt von Gott fort ist
Fort-Schritt. Nämlich:
Schritt für Schritt
ins Leere hinein.
Niemandsland.
Am Ende nur Nichts.
Nichts. Nichts. Nichts.
Fortschreitende Selbstauflösung.
Fortschritt? __

Der christliche Dreischritt.

Eu-angelion: Gute Nachricht
Eu-charistie: Gute Gabe (Danksagung)
Eu-logie: Gutes Wort (Lobpreis)
siehe Apg 2, 43 f. __

Wenn zwei **E**go den **H**errn
in die Mitte nehmen
werden sie zum Wir:
E plus **H** plus **E** = **EHE**
G **EHE** imnis
der Liebe __

E H E-Worte

ans **EHE** n
mitg **EHE** n
verst **EHE** n
Wohlerg **EHE** n
hins **EHE** n
eins **EHE** n
zugest **EHE** n
einigg **EHE** n
beisammenst **EHE** n

entgegeng **EHE** n
hineins **EHE** n
zugest **EHE** n
beist EHE n
nur zum L **EHE** n
anges **EHE** n
Wohlerg **EHE** n
schlafeng **EHE** n
fortbest **EHE** n
Geburtsw **EHE** n
Kinder s **EHE** n

Geistesw **EHE** n
Heilsgesch **EHE** n
ausers **EHE** n
auferste **EHE** n
G **EHE** imnis des glaubens __

Vorabend des Advent.

Ach – komm doch
nicht nur weihnachtlicher Geist –
sondern DU selbst, wie du es
versprochen hast
und erfülle unsere fürchterliche Leere.
Komm, Herr Jesus, Menschensohn.
KOMM
KOMMUNION
Hochzeit von Himmel und Erde.
Amen __

Ich bin **SELIG**, weil ich Gott **„HABE“**.
ER ist meine wirkliche **HAB-SELIGKEIT.** __

Ohne Gott leben wollen
ist so, als wenn man freiwillig
sich selbst das Leben nehmen würde,
das ewige Leben.
Gott macht keinen Mist.
Nur wir machen das.
Wenn wir uns von Ihm trennen,
entsteht
Schei-
Dung. __

Da der Mensch nicht nur
G U T ist, braucht er (umgekehrt
gelesen) **T U G** -enden,
die ihm helfen,
das GUTe zu kultivieren
und zwar gegen das
BÖSE, das ihn drängt.

TU ES PETRUS!
dieser Satz, deutsch gelesen:
TU es, Petrus!
bekommt eine völlig andere
Bedeutung!
TU, was nötig ist, PETRUS ! __

Sind wir Katholiken eine Herde
Schafe
oder sind wir eine scha(r)fe Herde? __

Wir sind nicht allein im
ALL.
Wir befinden uns in der
ALL macht Gottes, seiner
ALL gegenwart und
ALL wissenheit. Wir sind nicht
ALL ein.Wir leben in der
ALL einheit mit Ihm. In ihm ist
ALL das zu finden, was uns leben lässt
und frei macht.
ALL eluja!

Einst
Jesus verwandelte das Wasser der
Welt
in den köstlichen Wein des Glaubens.
Heute
sind es so viele Halbwissende oder
Unwissende,
die den köstlichen Wein des Glaubens
zurückverwandeln möchten
in das Wasser der Welt,
getrübtes, seichtes Wasser,
das keinen Durchblick mehr gibt
und den Durst nicht stillt. __

Kirchliche Wirklichkeit
Außen - Werbung.
Innen - Leere. __

Papstbesuch.
Alle Welt erwartete
Oberflächenentspannung,
doch der Papst ließ tief blicken.
Alle wollten Bestätigung,
doch er riet zur Betätigung.
Man wünschte sich Stimmung,
doch er wollte Zustimmung. __

Was man so hört in den
NACHRICHTEN
danach
sollte man sich nicht
NACH RICHTEN __

Die Kirche ist bei uns stark
VERWESTlicht.
Das steckt auch das Wort
VERWEST drin. __

Zwischen **MODERN** sein, in allem
dem Trend folgen
und ver - **MODERN** liegt oft nur ein
schmaler Grat, nur eine andere Betonung. __

Die aufgeregte, machende,
ständig in Bewegung
und Überlegung versunkene Kirche –
wie unruhige Wasser:
sie kann mit ihrer hektisch bewegten
Oberfläche >
den Himmel nicht mehr spiegeln,
ihn damit den Menschen nicht zeigen.
Die Kirche – sich in Ruhe und
Sammlung befindend,
im Gebet:
Schau, der Himmel ist in ihr,
wird sichtbar und kann leuchten. __

Viele betrachten ihr Gewissen nicht
mehr
als das RECHT GOTTES AN IHREM
LEBEN
sondern als privates Recht,
um nach eigenem Gutdünken zu
handeln.
Wenn manche von ihrem Gewissen
reden,
auf dass sie sich berufen,
dann klingt das wie ein Grabbesuch:
Hier ruht seit vielen Jahren mein
Gewissen __

Bei der Kommunion.

Herr, gehe ein in mich,
damit ich eingehe in dich,
damit ich in dir eingehe.
So – dass es von mir heißen kann:
Er ist eingegangen….
….in Christus hinein. __

Was Gott verbunden hat darf der
Mensch nicht trennen.
Der Mensch: Leib und Seele.
Trennt man beide, ist der Mensch tot.
Was Gott verbunden hat, darf der
Mensch nicht trennen!
Ein Tötungsverbot!
Mann und Frau in der Ehe: Leib und
Seele.
Trennt man beide, geschieht Tödliches.
Was Gott verbunden hat darf der
Mensch nicht trennen!
Auch ein Tötungsverbot!
Denn in der Trennung/Scheidung
sterben die vorhandenen Kinder:
in ihrem Herzen werden sie
auseinander gerissen. __

Mann und Frau beim ehelichen Akt:
liebende Vereinigung und
Fruchtbarkeit –
Leib und Seele dieses Geschehens.
So hat es der Schöpfer gefügt. >

Trennt man beide voneinander,
wird alles steril, wie tot.
Was Gott verbunden hat, darf der
Mensch nicht trennen.
Auch hier ein Tötungsverbot. __

Die großen Wörter sind vieldeutig
geworden:
Liebe, Barmherzigkeit, Sünde, Gnade
sind umgewandelt in Chiffren für den
Eigenbedarf,
damit sie dem Menschen dienen.
Aber sie haben damit ihren Geschmack
und ihre Würze verloren. __

Was das Ziel des Lebens betrifft
sind viele Menschen heute
Geisterfahrer:
sie fahren auf der falschen Spur
in die falsche Richtung,
gefährden ihr (ewiges) Leben >
und das von anderen,
die von ihnen in Unfälle verwickelt
werden.

Der wahre Christ ist kein
GEISTERFAHRER sondern ein
GEIST - ERFAHRER
In der Erfahrung des Heiligen Geistes
ist er auf dem Weg in die richtige
Richtung
und zwar auf der richtigen Spur __

Have fun and be happy

Viele Katholiken heute
möchten das E-**fun**-gelium
lieber so geschrieben haben,
weil es ihnen um **fun** geht
im Glauben, Spaß um jeden Preis. __

Christus kommt (Advent).

Du kommst als ein armer Gast
und machst mich reich.
Du kommst als ein reicher Gast
und ich entdecke meine Armut.
Du kommst als ein kleiner Gast
und machst mich groß.
Du kommst als ein großer Gast
und ich sehe meine Kleinheit
in vielen Dingen.
Du kommst als ein ohnmächtiger Gast
und schenkst mir Macht.
Du kommst als der mächtige Gast
und ich spüre meine Ohnmacht.
Meine Ohnmacht spürend
vertraue ich auf deine Macht. __

Während alle Welt Weihnachten
feiert
als wäre nichts gewesen,
kam Er – kommt Er – wird Er kommen
wie damals
am unbekannten Ort
zu unerwarteter Nachtzeit
Schlafenszeit –
unter unmöglichen Umständen
die nichts vom Rauschefest wissen

Während alle schlummern in süßer Ruh
werden nur die wenigen, die wachen
IHN finden
und werden nichts anders anbeten
(werden das NICHTS nicht anbeten)
Nur Ihn werden sie anbeten
und selig werden.
Die Anderen werden nur Glück finden
das wie Sand verrinnt.
Macht euer Herz stark,
denn die Ankunft des Herrn >

steht nahe bevor.
Gott ist wie ein verzehrendes Feuer.
Doch wir haben ihn in unserem Denken
zum Armleuchter gemacht. __

Damals:
die erwartete Niederkunft des
Herrn. Heute:
die vergessene Wiederkunft des Herrn_

Abstieg des Weihnachtsfestes

Kind...
...............kindlich...................................
..................................kindisch..............
....Kitsch
...........................Klimbim. __

Reihenfolge

In der Grammatik lautet die
Reihenfolge
bei der Konjugation bekanntlich
ich - du - er....
Also steht das Ich im Vordergrund,
dann kommt das Du (der Andere)
und an letzter Stelle kommt er:
ER.
Das ist der Plan der Welt.
Die Konjugation nach dem Plan
des Heiligen Geistes lautet umgekehrt:
Er – du – ich. __

Die wirkliche Kirche von unten
ist die Kirche auf den Knien
die Kirche beim Gebet.

Wir sind Kirche
wenn wir anbeten. __

Wortverwandtschaft

Sund –
das Wort für Meerenge,
bezeichnet eine Trennung in der
Landschaft,
er unterbricht den Landweg.
Sünde, das verwandte Wort,
meint das Gleiche in Bezug auf Gott.
Ge-sund ist also der heile/geheilte
Zustand.
Da ist der Sund/die Sünde
überwunden. __

Eigene Fasson I

Heutzutage
möchte jeder nach seiner eigenen
Fasson selig werden.
Die dringende und drängende Frage
aber lautet:
ob am Ende bei einer solchen
Lebensweise
tatsächlich ein
Selig
dabei herauskommt? __

Eigene Fasson II

Jeder nach eigener Fasson selig?
Christus sagt: Nur wenn in meiner
Fassung lebt, wird selig.
In die Form Jesu kommen
heißt in Form sein.
Wer nicht in dieser Form lebt,
braucht Re-Form.

Gott ruft
wann er will
wen er will >

er ist der Herr
wir gehören ihm
das ist das Ende
wenn wir
zeitlebens ihm
gehört haben
indem wir
auf ihn hören
werden uns
Hören und Sehen
vergehen
wenn wir
Seine Stimme
sehen
wir werden am Ende
sehen
wenn wir gehört haben
das ist der Anfang. __

Kommunion unter dreierlei Gestalten.

Christus empfangen
in Brot
und Wein
und in der Gestalt seiner
Kirche.
Wer sie aufnimmt,
nimmt Ihn
zu sich
auf. __

Sandstrand

Es gibt Prediger
wenn diese eine Klippe
im Evangelium entdecken,
dann umschiffen sie diese
und sprechen stattdessen
vom Sandstrand mit
Wellness-Liegen.
Der rufende Verve
eines Evangeliums
kommt dann
nicht mehr an. __

Manche suchen in der
heiligen Messe
gute Unterhaltung.
Sie soll aber nicht die
Menschen unterhalten.
Sie soll die Menschen
dazu bringen,
sich mit Gott zu unterhalten
im Hören und Antworten,
um Unterhalt bei ihm
zu finden.__

Zölibat abschaffen?

Man sollte,
wenn der Wagen unter
Treibstoffmangel leidet,
nicht auch noch
wertvollen Treibstoff
weggießen.

Man sollte
wenn es Windstille gibt
nicht noch Löcher
in die Segel schneiden

Man sollte
wenn man verirrt ist
nicht auch noch
die Wegweiser wegstellen. __

Karnevalsmesse.

Jesus hängt blutend am Kreuz.
Und stirbt. >

Immer noch.
Vergegenwärtigung in der Feier.
Deinen Tod o Herr verkünden wir.
Und die Gemeinde singt
Ajuja und tanzt um den Altar.
Mir blutet das Herz

In der Kirchenzeitung lese ich
von einer Messe in kölscher Sprache
zur Karnevalszeit,
mit Anwesenheit des Dreigestirns,
ein Jugendchor sang kölsche Lieder.
Ein Karnevalssänger trug Lieder vor.
Es herrschte Karnevalsstimmung.
Während dessen hing Jesus still
am Kreuz und schrie: Mich dürstet! __

Maria ist konservativ.

Maria autem conservabat omnia:
Maria bewahrte alles im Herzen
konservierte das Wort.
Konservativ ist göttlich. __

Es gibt Katholiken
die sagen Hallelu – JA!
Es gibt Katholiken
die sagen Hallelu – NEIN
zu allem, was die Kirche
lehrt. __

LOVE bedeutet in der heutigen
Denkweise: Liebe.
Bedeutet aber in Wirklichkeit
Liebe **O**hne **V**erantwortung **E**ntartet!

Das **JA** bei der Trauung
heißt für manch einen
J ederzeit **A** ufkündbar. __

Die ungeteilte Schau.

Ich schaue hinauf zu Dir, o Gott
und erkenne Dich,
der Du mich anschaust.
Und der Du mich anschaust:
Du schenkst mir Ansehen dabei.
Dich anschauend
werde ich zu dem,
wie Du mich gemeint hast.
Im Anschauen Deiner
göttlichen Majestät
bin ich
Dein Geschöpf,
von dir geliebt
und erkannt.
Ich schaue und lebe
in Deinem Blick.
Dank Dir,
mein Schöpfer. __

Wie ein Hund wittert meine Seele die
Wahrheit.
Wie ein Hund schlägt meine Seele an
wegen der Wahrheit in der Kirche,
Diese Wahrheit verlockt die Seele,
macht sie erwartend.
Wie ein Hund auf die Rückkehr seines
Herrn wartet,
so erwartet meine Seele
DICH,
Herr.
Du bist die Wahrheit.
Und Deine Wahrheit ist schön. __

Mein **ICH** gehört mir
nicht.
Ich gehöre mir
nicht. >

Ich bin ge-hörig
von woanders her.
Ich bin darum ge-
hörig
auf DEN,
wo mein Ich den
Ursprung hat.
Als DIESER sagte:
Ich liebe
d**ICH** –
von da an war
ICH –
da war mein
ICH da.
Aus Seinem
d**ICH**
bin
ICH
entsprungen.
Diesem
D**ICH**
antwortend bin
ICH
sonst wäre nur
n**ICH**ts.
ICH sage
zu **IHM**
DICH
- und lebe. __

Wo zwei oder drei..
in Seinem Namen
versammelt sind
da ist ER
mitten
UNTER ihnen.
Ja,
er ist
UNTER uns,
wie einer,
der dient.
Er ist **UNTER** uns,
zu unseren Füssen.
UNTER uns
ganz am Boden.
Welch ein Wunder! __

Das Kind, das auf seine Eltern hört,
ist im positiven Sinne
ge-hörig.
Im Hören gehört es seinen Eltern.
Doch nur eine kleine Silbe hinzu,
und das Ganze gerät ins Gegenteil:
un-gehörig.
So kann´s auch im Verhältnis des
Menschen zu ihrem Vater im Himmel
sein!
Eine kleine Silbe –
welch große Wirkung! __

Verborgen!

Wie bei der Eucharistie
das Wesen Christi verborgen ist
in der Gestalt des Brotes,
so ist auch das Wesen der Kirche
unter ihrer Gestalt verborgen.
Der Blick auf die Gestalt sagt:
es ist nur eine Institution,
wie viele andere auch,
und deshalb auch so
zu behandeln.
Der gläubige Blick entdeckt
hinter der sündigen und oft so
schwachen Gestalt der Kirche
Christus.
Und sie ist deshalb so zu behandeln,
wie es Christus zusteht. __

Früher lebten die Menschen
in Glaubenszuversicht,
ja Glaubensfreude.
Heute leben viele
in Heidenangst. __

O du heiligste Dreifaltigkeit,
wie groß bist du
im Verströmen deiner Liebe.
Immerfort verströmst du dich,
du helles Licht,
das mich wärmt.
Immerfort stehe ich im Strahlen
deiner Liebe.
Immerfort meinst du mich.
Nie hörst du auf,
dich zu verschenken,
du strömende Liebe du.
Aus dir lebe ich und wachse ich. __

Nachfolge Christi:

Hinter ihm hergehen, er bestimmt den Weg - nicht ich.
Seinem Willen folgen und gehorsam sein
- nicht ich bestimme, was Gott zu tun hat.
Ja sagen und Ja tun,
bis dass sich dieses Ja in meine Seele einschreibt.
Wenn mir dann im Tod die Hände gebunden werden und die Stimme versagt –
wenn mir also der Leib genommen wird, mit dem ich Ja sagen und Ja tun konnte,
dann ist es gut, wenn meine Seele als lebendiges Ja vor den Herrgott tritt
und leiblos, wortlos dieses Ja ausspricht, es ausstrahlt. weil es mir zum Wesen
geworden ist und meine Seele ein Ja ist! __

Der Satz „Ja, man sollte sonntags in die Messe gehen,
aber man muss es nicht jeden Sonntag tun"
klingt verlockend und logisch.
Er ist identisch mit der Absicht, an manchen Sonntagen einfach nicht zu atmen.
Ja, man sollte atmen, aber man muss es doch nicht an jedem Sonntag tun!
Das Ergebnis ist in beiden Fällen eine Leiche.
So stirbt manches Kind mit 9 Jahren (schon nach der Erstkommunion),
wird aber erst mit 70 oder 80 beerdigt.
Was wäre, wenn Gott sich genau so verhielte:
Eigentlich will ich ja den Menschen treu sein,
aber ich muss es ja nicht an allen Tagen sein! __

Die Mehrzahl der Getauften verkehrt am Sonntag
mit Gott mit Verhütungsmitteln.
Ihr Fernbleiben vom Gottesdienst verhütet es,
Gott zu schenken, was ihm zusteht.
Aber: sie empfangen auch nichts,
sie bleiben leer.
Sie geben und empfangen nichts –
so bleiben sie unfruchtbar. __

Gott wird dem Menschen zum
Gericht
wenn er ihn zur Verantwortung zieht.
Gott wird für ihn zum Fegefeuer,
wenn er ihn reinigt.
Gott wird für ihn zum Himmel,
wo ein Mensch sich für ihn öffnet.
Gott wird für ihn zur Hölle,
wo ein Mensch die Gemeinschaft
mit ihm radikal verweigert.
Nur in Volkesmeinung kommen alle,
alle
in den Himmel.
In welchen?
(Nach Bibel und Kirche) __

Fegefeuer

Wie man es sich vorstellen könnte:
einst, Begegnung mit Gott –
ich gehe auf IHN zu –
doch zwischen ihm und mir stehen
Menschen..
Mit Erschrecken erkenne ich jene,
die ich abgewiesen oder verletzt habe,
denen ich etwas schuldig geblieben bin,
denen ich nicht gerecht geworden bin.
Da sind auch jene,
die ich innerlich verurteilt habe,
herabgewürdigt…
Jetzt wissen sie davon!
Sie stehen wie Türwächter zwischen
mir und Gott.
Keine finsteren, sondern offene Türen,
die signalisieren, dass sie bereit sind,
mir weiter zu helfen.
Nun muss ich mit jedem Einzelnen
in Kontakt treten, schmerzhaft, in
Scham,
in Reue – und um Verzeihung bitten.
Wie gut, dass ich dabei die Gebete
der Kirche im Rücken habe
und die Verdienste der Heiligen.
Ohne mein Zutun (denn nach dem Tod
ist die Nacht, in der wir nichts mehr
tun können)
werde ich in die Begegnung mit all
diesen
Menschen geführt, gereinigt,
und durch sie hindurch, wie durch
Türen,
vor Gottes Angesicht geführt. __

Ich halte mich nur an die Schrift,
aber der Kirche glaube ich nicht….
so leicht gesagt, so modern und
freiheitlich –
und doch falsch und Selbstbetrug. >
Du hättest die Heilige Schrift nicht,
wenn sie nicht in der Kirche entstanden
und dir von ihr gegeben wäre.
Glaubst du der Schrift, dann glaubst du
der Kirche.
Wie Augustinus sagt: Dem Evangelium
würde ich nicht glauben, wenn ich
nicht der Kirche geglaubt hätte.
Bibel ja – Kirche nein
ist ein Unding __

In der Kirche gibt es
unter allen Getauften
sowohl Geistliche
als auch Zeitgeistliche

es gibt Zeitgeist in ihr
und auch Geistzeit __

Barmherzigkeit
soll es geben
für den Sünder –
fordert man.
Gemeint ist:
ein Auge zudrücken
wenn jemand
weitermachen will
wie bisher.
Ohne Umkehr.
Barmherzigkeit
also für den
notorischen
Rotfahrer an der Ampel!
Vielleicht hebt man sogar
um der Barmherzigkeit
willen das Gebot auf.
Fahre doch bei Rot durch,
wer es will.
Dieses Augen zudrücken
wird einigen Menschen
beide Augen zudrücken. __

Laienapostolat.

Nicht der Kampf um die drei
Quadratmeter am Altar,
sondern der Kampf,
um draußen die Welt
für Christus zu gewinnen.
Nicht Klerikalisierung
sondern Laisierung
im tieferen Sinn:
Volk (laos) Gottes sein
im Gottesdienst
des Alltags. __

Wohlstand.

Der Wohlstand, in dem wir leben,
ist ein Segen Gottes. So kann man
sagen.
Die andere Deutung:
er ist eine Prüfung, die Gott uns
schickt,
um zu sehen, ob wir auch im
Wohlstand
an ihm festhalten
oder ob wir den Wohlstand selbst
zum Gott erklären
den wir anbeten und an den wir uns
klammern.
Ob Gottes Volk
diese Prüfung bestanden hat?

Wer im Wohlstand stand
nicht unbedingt wohl bei Gott da
stand. __

Mit ungelebtem Glauben ist es wie
mit einer Batterie
in einer Taschenlampe, die lange nicht
benutzt wurde.
Wenn man sie nach so-und-so vielen
Jahren einschalten
will, kommt kein Atemzug Licht mehr
heraus.
So findet der, welcher seinen
ungelebten Glauben nach
Jahren anschauen will, nur noch seine
Knochen –
und falls er Pech hat – sind diese schon
ganz zerfressen.
Da wäre es besser gewesen, er hätte
geleuchtet.
(angeregt durch Erich Fried) __

Wenn der Weg schon das Ziel ist wie forsch behauptet wird,
dann ist der Stau auf der Autobahn schon das Ankommen,
dann ist die Schwangerschaft schon die Geburt,
dann ist die Erde schon unser ein und alles. Ich aber will ankommen. __

Motto des Glaubenden:
Prüft alles, das Gute behaltet!
Siehe 1 Thessalonicher 5,21.
Motto des Zeitgeistgenossen:
Prüft alles, das Nützliche behaltet. __

Gott ist seinem Wesen nach
Sein – Für (Vater)
Sein – Von (Sohn)
Sein – Mit (Heiliger Geist)
(aufgelesen)__

Irrtum.

Die These, dass es den Teufel nicht gibt,
ist das schönste Geschenk
dass man dem Teufel machen kann. __

Wir sind vom Himmel durch keine Lichtjahre getrennt,
sondern nur durch unsere Sünden. __

Du bist nicht ganz bei Trost, Mensch,
der du ohne den Tröster lebst,
ohne Glauben, ohne Gott,

Unterschiede:

Früher, wenn die Menschen auf ihre Sünde hingewiesen wurden, sagten sie:
Das war aber eine Umkehrpredigt!
Heute nennen die Leute das Belästigung oder Diskriminierung.

Früher sagten die Leute, wenn sie auf ihre Sünde hingewiesen wurden:
Das hat jetzt mein Gewissen wach gerüttelt.
Heute wehren sich die Leute,
drehen den Spieß um und sagen:
Jetzt hat man mir aber ein schlechtes Gewissen gemacht.

Man sieht: Feuermelder sind in unserer Zeit nicht gefragt. __

Umgekehrtes Adventslied

Nachdem sich Israel, sprich: Gottes Volk, nicht mehr nach dem Emmanuel sehnt,
müssen wir das Lied wohl anders singen:
Merk auf, merk auf, o Israel,
nach dir sehnt sich Emmanuel. __

Nach dem Ja-Wort sagt der Standesbeamte zum Brautpaar:
„Hiermit erkläre ich euch zu Mann und Frau!“
Schaut sich das Brautpaar fragend an und sagt:
„Und was waren wir vorher!“
(Dieser Scherz ist inzwischen bitterer Ernst geworden, weil die Genderideologie dahin führen will, dass der Mensch selbst erklären kann, ob er Mann oder Frau – oder sonstwas ist).__

MAHL-Zeit

Das Abend**MAHL** des Herrn:
Er lässt sich ver**MAHL**en, um Speise
zu werden, **MAHL**zeit des ewigen
Lebens
Hochzeits**MAHL** Gottes mit
dem Menschen.
Das Abend**MAHL** des Herrn. Wir
lassen uns ver**MAHL**en, in die
Mühle spannen.
Unser Leben ist **MAHL**zeit für den
Herrn, Ver**MÄHL**ung mit Ihm
Ein**MA(H)L** und für
immer
Wirklich ein**MA(H)Lig** __

Die Kirche ist wie ein Arzt:
Er ist zunächst nicht den Wünschen
des Patienten verpflichtet,
sondern zu allererst dessen Gesundheit.
Ist denn ein Arzt ein Menschenfeind,
weil er einigen Menschen eine Diät
verschreibt,
und ihnen sagt, was sie lassen müssen,
um heil zu werden? __

O Herr,
ich bin Dein Eigentum, Dir zu
eigen.
Wie selig, dies zu wissen, dies zu
spüren.
Dein zu sein
schmälert nicht meine Freiheit.
Es macht sie erst wertvoll,
bringt sie zum Glänzen.
Freiheit von Dir weg – das ist Tod.
Freiheit auf Dich zu – das ist Leben.
Es ist gut, dass ich Dir gehöre.
Welch ein Segen ist das.
Ich nehme mir die Freiheit,
Dein zu sein! __

Durch die frühlingshaft warmen
Straßen gehend,
begegne ich vielen gebräunten
Menschen,
Sonnenbank oder Karibik.
Doch hinter der Fassade ahne ich das
Weiß,
sogar die Bleiche.
Nein, nicht das Weiß ihrer Taufkleider
und damit des ewigen Lebens,
nicht das Weiß der Verklärung –
sondern das Leichenbleich.
Unter dem gebräunten Äußern
wandeln viele weißbleiche Leichen.
Leichenblaß.

Toleranz

Nicht: das Eigene verschweigen um
des Anderen willen
sondern:
Duldung von etwas, was man selber
ablehnt.
Aushalten, dass der Andere anders
denkt. __

Es gibt zwei Krankensakramente:
das eine für die Krankheit des
Leibes und der Psyche
das andere für die Krankheit der Seele.
Das eine die Krankensalbung –
das andere die Beichte. __

Eheliche Kommunikation

Wenn in einer Ehe die Ex-
Kommunikation aufhört
beginnt sie zu sprechen. __

Kann es sein, dass das Problem des
schweigenden Gottes
seinen Grund hat im Menschen,
der nicht mehr hört und stattdessen
immerfort redet? __

Wenn die Kirche spricht,
will ich mich daran erinnern,
dass sie weiser ist als ich,
und werde ihr mehr vertrauen,
als meiner eigenen „Weisheit" __

Punkte

In der Arbeitswelt galt früher die
Devise:
Der Mensch ist **MITTELPUNKT**.
Im Turbo-Kapitalismus heute gilt die
Devise:
Der Mensch ist **MITTEL**! **Punkt**!
Da hat sich nicht nur der Punkt
verschoben,
sondern auch ganz gehörig der
Standpunkt.

Früher suchten die Menschen Gott
als ihren
LEBENSMITTELPUNKT.
Heute dreht sich fast alles nur noch um
LEBENSMITTEL! **Punkt**! __

Gleichberechtigung

Dieser Begriff liegt in der Luft,
wie Nebel, und benebelt alles,
auch das klare Denken.
Alles ist gleich, alles muss gleich sein.
Daraus macht man eine Berechtigung.

Auch in die Kirche ist der Begriff
eingedrungen, prägt die Debatte um das
Priestertum der Frau.
Doch gilt hier eher der Satz:
Jedem das Seine.
Jede nach ihrer Berufung.
Jedem nach seinem Wesen, seinem
Auftrag, seiner Botschaft.
Alle gleich – in der Würde.
Doch unterschieden im Wesen.
Und keiner hat eine Berechtigung
vor Gott. Alles ist Gnade, und
Geschenk. Vielfalt ist spannend.
Gleichheit in allem
tödlich langweilig. __

Einheitsbrei

Alles soll gleich sein
homo
kein Unterschied mehr
Mann und Frau gleich
alles eingeebnet, was
hervorragt
alles Spannende weg-
rationalisiert
vollkommen in Gesetzes-
blei gegossen und erstarrt
homo
alles gleich und unfruchtbar
und tödlich __

Männliche Fische verweiblichen
und Männer werden unfruchtbar
(weil das Grundwasser durch die
Hormone der Antibabypille
angereichert ist) >

Die (sexuelle) Revolution frisst
ihre Kinder.Verhütungs-
mentalität breitet sich aus
Wir trinken unsere eigene Verhütung

Endlich leben lernen –
welch doppeldeutiger Satz!
Heißt auch:
mit dem Ende und der Begrenztheit
mein Leben gestalten.
Vom Ende her leben __

Betend sage ich
(es Martin Buber nach):
DU
Immer nur Du
Tags DU
Nachts DU
Heute DU
Morgen DU
DU im Wachen
DU im schlafen
DU im Sitzen und im Stehen
DU beim Ruhen oder Gehen
DU DU DU
Der DU Dich DU nennen lässt
von mir Deinem Geschöpf, DU.
DU vor mir
DU über mir
DU neben mir
DU unter mir
In meiner Geschichte DU
In meinem Leben DU
Lachend DU
Weinend DU
Glaubend, hoffend, erwartend DU
Zweifelnd DU
Immer nur DU
Ziel meiner Sehnsucht DU
Brücke ins Leben DU
Freund DU
Herr DU
Gebieter DU
Geliebter DU
Einziger DU
Immer nur DU
Verborgener DU
Dich Zeigender DU
DU der mich nicht loslässt
DU den ich nicht lassen kann
Ein kleines Wort: DU
So große Wirkung DU
DU großer Wirkender
DU DU DU
Immer nur DU __

Tun was man muss –
das ist die Lebensweise des
Gesetzes.
Tun was man kann
all das tun was man kann –
ist die Lebensweise der Liebe.__

Kennzeichen unserer Zeit ist es,
dass wir das Zeitgemäße mit
dem Guten verwechseln
und das Moderne mit dem Wahren.
Wir fragen nicht mehr:
Was ist wahr und gut vor Gott,
was entspricht Gottes Absichten –
sondern wir nehmen die Realität
(unbewußt) als Maßstab für unser
Denken und Wollen
und richten uns danach aus. >
Nicht die Frage
Was will Gott?
steht im Vordergrund, sondern
Was will ich? __

Weltanschauung.

Die Aufgabe als Seelsorger besteht heute darin,
die „Welt-Anschauung" des Menschen zu erschüttern.
Zum einen ist zu erschüttern,
dass die Menschen überhaupt nur die Welt anschauen,
anstatt auf Gott zu schauen.
Die Anschauung Gottes (und ihre diesseitige Vorbereitung)
gerät aus dem Blickwinkel heraus.
Zum anderen:
Erschütterung der Ideenwelt des Menschen,
die er sich in Anhänglichkeit (Abhängigkeit?)
an den Geist der Zeit gemacht hat:
seine falsch verstandene Autonomie
(sich selbst das Gesetz sein) –
dies ist heilsam aufzubrechen. __

Vielleicht ist dies das Geheimnis allen Betens:
Ich komme vor IHN
getreu seinem Wort
und seiner Verheißung
und klopfe bei ihm an

und er
öffnet mir das Herz
(für seine Gedanken
die nicht unbedingt
meine sind). __

Hindugruß:
Das Göttliche in mir
grüßt das Göttliche in dir.

Christengruß:
Der Christus in mir
grüßt den Christus in dir. __

Bitte an Christus:
RICHTE!
Komm Herr Jesus und
RICHTE
diese Welt
auf aus ihrer Sünde
und Gottesvergessenheit
RICHTE ALLE
auf
die daniederliegen
RICHTE die Abtrünnigen
zurück
in die Ehrfurcht vor dir,
in die Anerkennung
deiner Majestät.
RICHTE
deinen Blick auf unsere Nöte.
RICHTE uns
deine Aufmerksamkeit zu
du
RICHTER der Welt. __

Wenn unser Gottesdienst nichts mehr vom himmlischen Gottesdienst atmet
nur Wiederholung des Irdischen ist,
dann ist es kein Wunder,
wenn er die Menschen nicht mehr anzieht,
dann ist ihm der Atem verloren gegangen. __

Katholisch sein – sagen viele – bedeute
nichts und niemand auszuschließen.
Dann bitte schön
schließt doch auch keine Wahrheit
der Kirche aus eurem Denken und Wollen aus! __

Unfug

An all dem Unfug, der hierzulande oder auch anderswo zustande kommt, sind nicht nur die Anstifter schuld, sondern auch diejenigen, die ihnen nicht widersprechen.
Prof.Kreuzkamp in dem Buch: Das fliegende Klassenzimmer.
Recht hat er!! __

Gott ist lieb –
nein, ist er nicht: jedenfalls nicht im Sinne dieser Rede von Gott,
wie sie heute am liebsten gebraucht wird.
Gott ist heilig, heilig, heilig,
er ist der Ganz-Andere,
immer anders, als wir ihn denken,
ganz anders, totaliter aliter,
immer überraschend anders,
er ist heilig, nämlich erschütternd,
befremdlich, gefährlich, in die Knie zwingend,
groß und unfassbar,
ihn muss man lieben und fürchten
- nur so kommt man in seine Nähe.

Gott ist maßlos im Lieben, im Fordern.
Ob uns das herausfordert
und damit auch herausfördert,
mehr jedenfalls als der „liebe“ samtweiche Gott,
der zurechtgeschneidert wurde nach dem Belieben.

Aber sagen wir auch (et – et):
am maßlosesten ist Gott wohl in seiner Liebe und seinem Erbarmen.
In seiner Liebe richtet er (sich) sogar gegen sich selbst
und seine Gerechtigkeit,
entscheidet er sich lieber für das Erbarmen.
Auch das ist das Ganz-Andere an ihm.
Wir dürfen es glauben und hoffen,
aber nicht damit rechnen –
im Sinne von etwas, das uns zustehen würde.
Denn es ist unverdiente Gnade.
Also lassen wir uns überraschen. __

Man muss nicht verrückt sein,
um als Christ zu leben.
Aber es hilft ungemein. __

Nur wenn du die Stille vertiefst

Die Regel in einem Kloster lautete nicht:
Nicht sprechen!
sondern:
Sprich nur,
wenn du die Stille
vertiefen kannst. __

Freitagsopfer

Auf Fleisch verzichtet!
Gutes Gefühl! Gebot erfüllt!
Stattdessen ein leckeres Stück Fisch
(viel teurer noch als Fleisch).
Freitagsopfer? __

Sonntagsmesse.

In der Messe habe ich mir genommen,
was ich brauchte,
bin zu meinem Recht gekommen.
Hatte anschließend ein gutes Gefühl.
Und auch ein gutes Gewissen
(Pflicht erfüllt, bei Gott einen
Punkt gemacht).
Sonntagsmesse? __

Augen-Weiden

Wir kamen an wunderbaren Bergwiesen vorüber:
leuchtendes, helles Grün der Gräser
und Kräuter,
Millionen (?) von kleinen gelben
Blumen,
hier und da auch blaue und rote.
Diese Weide als Visitenkarte des
Schöpfers
war eine wahre Augen-Weide!__

Nicht mehr zeitgemäß

Gott und die Kirche sind nicht mehr zeitgemäß, sagen viele.
Aber ist die Zeit noch gemäß Gottes?__

Die katholische Kirche empfinden viele verstaubt.
Aber sind die sich sicher, ob dieser
Staub
vielleicht nicht auf den eigenen Augen
liegt? __

Zeit Zeit
bist eine Räuberbraut
immer nimmst du mir
das Liebste
die Gegenwart
und lässt unter
deiner kalten Hand
Vergangenheit daraus
werden

Vorübergehend
ist dein liebstes Wort
alles nur vorübergehend
Zeit Zeit
bist eine Räuberbraut __

Katholischsein ist so etwas wie ein Spiel. Auch bei einem Spiel muss
man eintauchen in eine besondere
Welt, sie für wahr halten, sich an die
Spielregeln halten –
erst dann kommt man in den Genuss
des Spieleffektes.
Man muss bei vielem so tun, als ob,
sich einlassen, auch wenn die Vernunft
einen anderen Weg bevorzugen würde.
Man kann sich das Spiel auch
verderben,
wenn man den kritischen Impulsen
folgt –
und sich dann ärgert.
Ärger ist natürlich dann angebracht,
wenn sich die Spieler nicht an die
Spielregeln halten.
Doch die Spielregeln laden
gerade dazu ein,
das Ungewöhnliche, ja
Außergewöhnliche zu wagen.
Wer mitspielt, entdeckt den Geist des
Spiels.
Das gilt auch für die Kirche. __

Gibt es nicht bei uns selbst und auch bei manchen
bezahlten Dienerinnen und Dienern der Kirche
eine merkwürdige (Un)Kultur der Vorbehalte und des Verdachtes gegen die Kirche. __

Im Italienischen heißt Gott: **Dio**
Ich heißt: **Io**.
Ein Buchstaben weg –
und schon heißt alles nur Ich.
Der Mensch ohne Gott.

Umgekehrt:
Nimm deinem Ich einen Buchstaben hinzu,
schon ist dein Ich (bist du) geborgen in Gott. __

Er hat sich aus dem Staub gemacht
Er war ja aus Staub gemacht:
angestaubt, manchmal verstaubt sein Leben.
Ich bin doch nur Staub,
spürte er alle Tage seines Lebens.
Jetzt hat er sich aus dem Staub gemacht
ins Licht hinein. __

Herzversagen I

Unser Glaube stirbt
an Herzversagen
wenn wir Gott
unser Herz versagen

Nicht nur mit dem Kopf
Gott denkend lieben
sondern mit
ganzem Herzen
ganzer Seele
ganzem Verstand
und Gemüt __

Herzversagen II

Eine vielköpfige Schar
sitzt da im Gottesdienst
Viele Köpfe also
denkend
analysierend
kritisch beobachtend
sezierend
denkglaubend.
Viel Herz scheint nicht
dabei zu sein
bei den vielen Köpfen.

Beim „Erhebet die Herzen“
steht die vielköpfige Schar
notgedrungen auf.
„Kopf hoch!“
denkt sie.

So stirbt unser Gottesdienst
am Herz versagen. __

Herz statt Kopf

Die mutige Pfingstpredigt des Petrus
schoss den Zuhörern nicht durch den Kopf
sondern stach ihnen ins Herz.
Und sie fragten: Was sollen wir tun?
Glauben, der nur im Kopf bleibt,
verursacht allenfalls Kopfschmerzen.

Wem das Herz weh tut,
wenn er vor Gott hintritt,
der hat nicht nur das Herz
auf dem rechten Fleck. >

„Gottseidank feiern wir in der Kirche
nicht das Kopf-Jesu-
sondern das Herz-Jesu-Fest“
sagte Bischof Kamphaus.

Der Herr hat bei seinen Christen
manche Nuss zu knacken.
Manche Kopf-Nuss. __

Herzbringen I

Wer A sagt
muss auch
B sagen
heißt es

Wer also *Credo* sagt
(Ich glaube)
muss auch sagen:
Hier ist mein Herz
o Gott.

Denn *Credo*
ist lateinisch
und kommt vom Wort
cordare (cor dare)
und bedeutet:
das Herz bringen
Nicht die Gedanken
nicht die Worte
nicht den Geldschein:

das Herz! __

Herz bringen II

Sonntags erinnern
wir uns an Christus

Ein paar Gedanken
wer er war
wie er war
was er getan hat.
Kopfzerbrechen
manchmal,
wenn wir ihn
nicht verstehen.

Re-cor-dare
sagt der Lateiner für
erinnern.
Das bedeutet:
das Herz zurück bringen
ins Herz zurück kehren.
Er-innern
Gott das Innerste geben. __

Kleine Bitte an Predigt
und Gottesdienst:

Brennende Herzen
nicht
Rauchende Köpfe! __

Herzklopfen

Mein Herz klopft
ganz heftig.
Mein Herz klopft
DIR entgegen
Mein Herz klopft
bei DIR an
Wann kommst DU
und öffnest mich?

Mein Herz klopft
schon lange
ohne Ruhe
Schlag für Schlag
DIR entgegen.
Ich bin dankbar
dafür. >

Erst
wenn es still steht
wird es Ruhe finden.

Wirst DU mir dann
öffnen,
beim letzten Klopfen?
Beim letzten
Schlag
Ewigkeit
Ruhe
In Frieden __

Ruhestand

Mein Herz
kam erst zur
RUHE
als es in
Seinem Herzen
STAND. __

Der Name der **REICHEN**
ist Auftrag für sie:
dass sie den Armen
gute Gaben **REICHEN**

Und die **ARMEN**
werden ihrem Namen gerecht
wenn sie den Reichen
deren Gaben
aus Händen und **ARMEN**
nehmen

Advent

Wer wartet schon noch?
vorwegnehmend
wird noch Ausstehendes
plätzchenweise
liederselig
ins Heute gezerrt
Zukunft
noch Zukommendes
wird
vor weggenommen:
weg
genommen

am Ende
schaler Geschmack
und die gähnende Frage:
Was kann jetzt schon
noch kommen? __

Wir beten für die
die uns
voraus
gegangen sind
die
uns
etwas
voraus
haben __

Kreuz(es)wissenschaft

Vom Kreuz wissen schafft
noch keine Weisheit.

Das Kreuz spüren
Herzleid haben
Leidenschaft
die Leiden schafft
Mitleiden
an mir und dir
macht mich
kreuzweise.
Du kannst mich mal
kreuz-weise
machen, Herr. __

Gestern
hat mich jemand
in der Kirche erwischt
beim Beten.

Sie haben aber viel Zeit –
war die erstaunte Bemerkung
mit hochgezogenen
Augenbrauen
Haben sie nichts zu tun?
Doch!
Ich hatte als Seelsorger
alle Hände voll zu tun.
Gefaltete Hände voll.
Wahre Arbeit,
Ruhe zu finden für IHN
(wenn die Erledigungen
des Alltags drängen).

Doch wie soll ich dies
einem modernen Christen
verständlich machen? __

Advent des Alters

Schon viele
Weihnachten
bin ich alt
mit den Jahren

So manche
Tanne
sah ich leuchten
und ihr Grün
verlieren
als es Zeit war

Auch mir ging ab
die grüne Frische.
Kahler ist´s geworden.
Und leuchten tu ich
nicht mehr alle Tage,
weil´s meine Zeit ist.

Trotzdem
zünde ich
Hoffnung an,
lasse grünen
meine Seele.

Dem Lockruf
des göttlichen Kindes
will ich folgen.

Und mit dem
dürren Geäst
meiner Jahre
strecke ich mich aus
nach der einen Nacht
meiner Seligkeit.

Weil ER kommt
der mich erfreut
von Jugend auf. __

Frühmesse

Sonntagmorgen
schon ab acht
im Park
Frühgottesdienst
Die Gläubigen
kommen angetrabt:
joggen und walken
auf dem Weg
zur Verehrung
ihres Gottes
Gesundheit
und Fitness.
Sie machen´s sich
nicht leicht.
Arg strapaziert >

kommen sie mir vor
bei ihrem Gottesdienst
Womit sich bewahrheitet:
wen ich anbete
für den mache ich mich
auf den Weg
koste es was es wolle. __

Aschermittwoch

An meinem Aschermittwoch
wenn alles vorbei
wird eine Hand kommen
und mir sanft alle
Masken vom Gesicht streifen
alle Verstellung
und Vorführung,
das aufgesetzte Lachen
den angestrengten Blick
die gute Miene zum bösen Spiel.

An meinem Aschermittwoch
wird eine Hand kommen
und mir
auf die Stirn schreiben
wer ich wirklich bin
und mich bezeichnen

es ist bezeichnend
dass ich von da an
ohne Feigenblatt
auskommen kann. __

Die Arche Noah
war nicht perfekt.
Sie schwamm und rettete.
Die Titanic war perfekt.
Sie sank. Und vernichtete.
Die Kirche ist wie
die Arche Noah. __

Plötzlich bei der Wanderung
eine Lichtung im Wald.
Helle, warme Sonne trifft mich
Boden, Gräser und Sträuche
dampfen vor Wärme.
Auf einmal umgeben von einem
Schwarm Schmetterlinge.
Sie tanzen um mich herum
mit leichtem Flügel,
torkeln manchmal
als wären sie trunken.
Trunken vor Freude.
Kein Wunder –
sie sind schon auferstanden
aus dem dunklen Kokon
dem Sarg ihres vorhergehenden
Lebens
Eines Tages holt auch ER uns heraus
mit neuer Gestalt
aus unserem Kokon
den wir uns gesponnen haben alle
Tage.
Leichtflügelig, trunken vor Glück,
torkelnd im Licht, das noch blendet:
wenn hell sein Anblick uns wärmt.
Dann tanzen wir auch. __

Er nennt sich Bräutigam
Und hat auch eine Braut. Sie ist
ihm fest versprochen – seit langem.
Sie hat sich ihm angetraut in einem
Versprechen,
von dem man manchmal den Eindruck
hat: sie habe sich versprochen.
Denn seine Braut ist ihm untreu. Sie ist
eine Hure. Verkauft sich für Geld.
Läuft jedem Erstbesten nach, der ihr
Vergnügen verspricht >

und Nervenkitzel.
Er wirbt geduldig um sie. Läuft ihr hinterher.
Seiner Kirche! __

Gnadenlos

Das Leben vieler Katholiken
ist gnadenlos.
Sie sagen sich von der Gnade los. __

Orgelkonzert

Die Orgel schreit ihr Kyrie gegen den Himmel
Mit mächtigen Akkorden
Kyrie. Herr erbarme dich
Erbarme dich dieser Zeit
Erbarme dich der Gottvergessenheit
Litaneiartig bestürmt die Orgel den Himmel
Flehruf und Antwortgesang
Erbarme dich
Denn die Zeit vergeht
Und mit ihr die Menschen
Ob sie wissen,
dass sie ihr Leben verantworten müssen?
Wir armen Sünder
Wir bitten dich erhöre uns.
Dass du uns vor dem ewigen Tod verwahren wollest.
Wir bitten dich erhöre uns.
In einem letzten Furioso und mit aller Kraft
bricht der Orgelklang durchs Gewölbe
und in den Himmel hinein, verbindet
Zeit mit Ewigkeit.
Die Orgel verstummt. >
Wisst ihr armen Menschen unterhalb der Orgel noch,
dass einst auch euer Verstummen
kommen wird.
Werdet ihr dann noch schreien können
Kyrie
Herr erbarme dich? __

Mit Ernst und Freude

Mit Ernst und Freude
die frohe Botschaft ansagen
Mit Ernst und Freude
die letzten Dinge nicht verschweigen
Mit Ernst und Freude verkünden
dass es kein Sonntagsspaziergang ist
dem lebendigen Gott und seinem Feuer
in die Hände zu fallen
Mit Ernst und Freude von Ver-
Antwort-
ung sprechen,
von Rechenschaft am Ende.
Mit Ernst und Freude von
der dunklen Möglichkeit sprechen,
das Ziel zu verfehlen –
und zugleich von Gottes Barmherzigkeit erzählen.
Mit Ernst und Freude herausfordern,
Gott zu lieben.
Mit Ernst und Freude,
die Schlafenden aufwecken,
die allzu Selbstsicheren aufschrecken,
den Adrenalinspiegel der Gleichgültigen steigern
und all denen Feuer unterm Hintern
machen, deren Herz erkaltet ist und
deren Gottesliebe wie erfroren ist:
denn das Reich Gottes ist nahe.... __

Tolerant
klingt zur Zeit so, als hätte sich der
Mensch toll verrannt.

Der moderne Genitiv
Geh nie tief – bleib an der Oberfläche
– heißt die Devise.
Bleib banal, halt den Ball flach.
Geh nie tief, du könntest versinken im
Wesentlichen. __

Wenn die Kirche nicht in die Tiefe
geht
geht sie an der Oberfläche zugrunde.
Wenn die Kirche nicht auftaucht
geht an der Oberfläche alles zugrunde.

Gender – das wechselnde
Geschlecht?
Er, sie oder es? Wer ist die / er denn:
Er, sie oder es?
Wenn Er nicht Er sein will, sondern Sie
und Sie nicht Sie, sondern Er:
vielleicht bleibt am Schluss nur noch
Es übrig:
der Mensch als Sache und
Gebrauchsgegenstand.
Man hat damit schon angefangen. __

Hochzeitliche Liebe
Ich ging durch den Weinberg
so vor mich hin
da kam sein Geheimnis mir in den
Sinn.
Und was ich da dachte, das sprach
mich an
ging näher an die Weinstöcke heran:
Ich bat die Trauben an ihren Reben
mir jetzt schon von ihrem Trank
zugeben
In mir war die Sehnsucht nach
diesem Trank
der Hochzeit, der Freude. Ein tiefer
Drang.

Ich hab ihre Antwort leise vernommen:
Unsere Stunde ist noch nicht
gekommen.

Ich traf die Trauben dann in der Kelter,
sie schienen mir reifer und auch älter.
Sie gaben sich hin, machten sich
flüssig.
Sie schonten sich nicht. Ich fand es
schlüssig

als ihre Antwort ich deutlich vernahm:
Unsere Stunde, jetzt endlich, sie kam!

Die Stunde der Liebe, von Frau und
Mann – wann fängt sie denn wirklich
zu wirken an?
Im Blick auf die Trauben, da fällt mir
ein, nur so kann werden hochzeitlicher
Wein:

Wenn zwei wie die Trauben sich geben
ganz:
dann steht ihre Stunde im göttlichen
Glanz.

Die Stunde der Liebe von Mann und
Frau
wird Hoch-Zeit, dies weiß ich nun ganz
genau
wenn einer dem andern sich
dargebracht. >

Der Herr hat bis ans Kreuz es
vorgemacht.

Sein Beispiel zeigt mir, d i e s war
seine Stunde!
Wer liebt, bis es weh tut, geht nicht
zugrunde.

Das Schicksal der Trauben, lässt mich
erfahr´n
Geben macht selig, und nicht das
Bewahr´n. __

Traube Traube
deine Kraft
trägst du
trägst du
voll in
deinem Saft

Traube Traube
halt für mich fest
was du
was du
birgst für unser Fest
Traube Traube
gib dich aus
schenk uns
schenk uns
dich. Geh
aus dir raus

Traube Traube
ausgepreßt
Gabe
Gabe
gibst uns
auch den Rest >

Traube Traube
wenn du stirbst
Leben
Leben
du für
dich erwirbst.

Traube Traube
in dem Wein
wirst du
wirst du
fruchtbar
für uns sein

Traube Traube
weis´uns hin
dass im
dass im
Geben
liegt der Sinn __

Auf dem Päckchen Fleischsalat lese
ich beeindruckt:
Inhalt 450 gr. / Fleischeinwaage 150 gr.
Also nur ein Drittel und doch heißt er
Fleischsalat.
Ist es auch so mit dem Christen?
Auch wenn nur ein Drittel davon in uns
steckt,
dürfen wir uns trotzdem Christen
nennen? __

Wenn man G
wie Güte
mit H
wie Hüten austauscht
dann wird aus
Gaben wie geben
schnell auch Haben __

Beichte

Viele Jahre lang
hat mir der Priester
die Beichte abgenommen.
Nun will ich sie
gar nicht
wieder haben.

Doch
wer kommt
und bringt mich
wieder
ins Gespräch? __

Das Wort
das mich heilt
kann ich mir
nicht selber sagen. __

Die Gläubigen haben die
Beichte abgelegt,
hieß es früher.
Das stimmt heute im
anderen Sinne dieses Wortes:
die Beichte wurde abgelegt.
Nun ist sie verlegt.

Wer sie wiederfindet
findet des Finder´s Lohn. __

Danken heißt:
mein ICH dem DU
zuwenden.
Manchmal brauche
ich dazu einen
Schlüssel von außen,
der mich aufschließt.>
Manche sagen
Gnade dazu. __

Idiot, dieses Wort aus dem
Griechischen, bedeutet:
privat sein, eigen sein,
Eigenbrödler sein, nur auf das Eigene
bedacht sein. Ein Idiot im Wortsinn ist
also der, der (nur) privat lebt, ohne
Gemeinschaftsbezug.
Also: Individualismus, diese Zerrform
von Individualität, ist Idiotie. __

Wer sich beim Lesen
Seines Wortes
nicht den Mund verbrennt
bleibt kalt
Wer sich beim Nehmen
Seines Leibes
nicht die Zunge verbrennt
bleibt stumm

Wer sich Sein Wort
und Seinen Leib
nicht durch Mark und Bein
gehen läßt
dem entgeht Er __

Geh
wisse
Geh
wisse
den Weg
des Herrn
Geh
wissen
Ge-
wissen __

Neue Strukturen
Seelsorgebereich
Sorgebereich
gebereich
Bereich
reich
oder arm?
__

Zündet Lichter an
gegen das Vergessen.
Lasst die Opfer nicht noch
einmal im Stich.
Zündet Lichter an
die den Tätern sagen:
Ihr kommt nicht ungeschoren davon.
Euer Dunkel wird ans helle Licht
gebracht. >
Ihr werdet im Rampenlicht stehen
diesmal mit eurer Schuld
und das Feuer wird brennen.

Zündet Lichter an
damit offenbar wird ihre Schuld
und sie sich nicht verstecken können.
Hört nicht auf, Lichter anzuzünden,
bis die Täter alle im Gericht stehen.

Zündet Lichter an,
damit sie sich nicht davonstehlen
können.
Tut es der Opfer wegen!

Denn eines Tages werden die Opfer
aufstehen
gegen sie.
Lasst sie nicht allein. __

Sonnenstrahlen

Sonne du überraschst mich
Du hältst dich nicht
an Vorhersagen

Drum sitz ich hier
bald vollgetankt
mit deiner Wärme

Und sieh dich vor –
bald strahle auch ich. __

Nach-spüren

Ich spüre
mich nicht mehr
Denke
mich nur noch

Gefühl
wo bist du
geblieben?
Ist Leben
nur noch
Einerlei
nur
Einheitsbrei?

Wer kommt
und schenkt
mir die Freude
wieder?

Denn ich lebe
gern.

Auf einer Bank

Menschen
ziehen vorüber
an mir
Ich auf
meiner Bank
nehme sie wahr

Ich
nehme sie
auf in mein Auge
das ist wahr

Ob ich
sie
wahr
nehme >

bleibt
dahin gestellt

Nur
manchen
sehe
ich´s
an
was
wahr ist. __

Am Seeufer

Wellen
klatschen
ans Ufer
klopfen an:
Darf ich
eintreten?

Die Wasser
die mir bis
zum Hals
stehen
sind einfach da
ohne
Ankündigung
Wird das Leben
einst da sein
oder
anklopfen
und
darf ich
´Herein´
sagen -
wenigstens? __

Ausblick

Wie der Platz
hier am See
wie die Stille
am Neukircher Brend
wie der Blick nach Assisi
vor dem umbrischen Haus -
so könnte mein Platz
einmal sein
irgendwann.
Dies hoffe ich sehr -
ein bißchen wenigstens
davon.
Und immer die Sonne
oder doch auch
erfrischenden Regen
hin und wieder

Und in keinem Fall
möchte ich dann
alleine
auf meiner Bank sitzen. __

Tand, Tand ist....

Was groß erscheint in dieser Welt
ob Ansehn oder Geld
ob Macht und Wissen oder Stand
das alles ist nur Tand.

Ist Tand, nur Tand in Menschenhand
verfliegt, so wie der Sand
unhaltbar durch die Finger rinnt
wer darauf baut, der spinnt
der spinnt nur Fäden wie aus Traum
und alles ist nur Flaum.
Ein solcher Faden hält nun nicht
was er dem Mensch verspricht.

So mancher sich verrechnen tut
und meint, er macht es gut.
Denkt sich, ich bin mein eigner Herr
schert sich um Gott nicht sehr >

Es hat der schnell was übersehn
der sich als Herr vorkommt.
Die Herren dieser Welt, die gehn
doch unser Herr, Er komm >

Die Herren dieser Welt: wie schlimm
sie g e h n nicht nur dahin
Sie s t ü r z e n tief vom hohen Thron
die Grube ist ihr Lohn,

die selbst sie gruben ganz gemein
sie fallen selber rein
O Mensch grab dir kein Leben ab
grab dir nicht selbst dein Grab

Der Hochmut kommt stets vor dem Fall
und der kommt oft als Knall.
Der Mensch, der sich als frei ausrief
wenn der fällt, fällt er tief.

Denn Tand, nur Tand in Menschenhand
ist manchmal sein Verstand.
wenn der nur in sich selbst verliebt
und nicht mehr hört und sieht

Vernünftig ist, wer klar vernimmt
was Wahrheit ist und stimmt
wer auf Gott hört, der hat Vernunft
und hat bei ihm Zukunft. __

Sündfluten
Klage der Elemente

Trafen sich die Elemente
und erhoben Klage
gegen den Menschen
Wir halten es nicht länger aus
was der Mensch tut.
Die giftigen Dämpfe seines
schändlichen Tuns
stinken zum Himmel,
die Greuel, die er tut,
vergiften die Atmosphäre,
sein Hochmut zerstört
das Gleichgewicht der
Mächte und Gewalten.
Der Mensch fragt sich
ob der Zunahme von gewaltigen
Unwettern. Er weiß doch, was
er an Schlechtigkeit
gen Himmel schickt,
das kommt eines Tages auf
ihn nieder.
Erd und Himmel, das
Geistige und Materielle sind eins.
Nicht zu trennen.
Sagte schon Sankt Hildegard.
Auch geistiger Unrat zerstört
die Atmosphäre und die Einheit
der Elemente.
Sintflutartige Regenfälle sind das,
was sie bezeichnen:
Flut, von der Sünde ausgelöst.
Wir Elemente sind von Gott
eingesetzte Wächter
über die Rechte Gottes
wer uns verletzt
verletzt sich selbst.
O Mensch kehre um! __

Eigen-
kirchenwesen

Da ging jeder in sein Eigenes
(lautet die richtige Übersetzung
von: Da flohen alle seine Jünger und
verließen ihn.
Auch heute gehen viele Jünger
in ihr Eigenes und basteln sich ein
Eigen- >

kirchenwesen,
eigenen Glauben
eigene Moral.
Eigensinn.
Das Übel der Kirche –
schrieb Theodor Schnitzler –
sei der Eigensinn ihrer Theologen,
und Zelebranten und
Gläubigen.
Mea culpa
Herr, meinst du mich? __

Pflege(l)stufen

Der Staat muss sich nicht nur
zunehmend um die
verschiedenen Pflegestufen
für seine alten Menschen
kümmern,
sondern zunehmend auch
um die Flegelstufen vieler
seiner Bürger (und nicht
nur der Jungen). __

Adam versteckte
sich und seine Sünde
scheu vor Gott
und hatte noch
Scham –

heute
stellt der Mensch
mit seiner Sünde
und Schamlosigkeit
sich vor Gott
unverschämt hin
und Gott soll
sich verstecken.

Früher:
Das Lamm Gottes
nimmt hinweg die
Sünden der Welt

Heute:
Der Prediger auf
der Kanzel
nimmt hinweg
die Sünde der Welt.
Er predigt sie
einfach weg.

In der Kirche nebenan:
Der Prediger spricht
von der Sünde
so liebevoll
dass alle sich
angesprochen erleben
und hautnah erfahren:
Das Lamm Gottes
nimmt hinweg.
die Sünde der Welt __

Im Wagen vor mir…

Kennzeichen **ES-US123**
Ich lese sofort **JESUS** daraus.
Und denke mir:
immer wenn das
J (gesprochen **JOTT**) wegfällt,
dann fehlt was.
Wenn bei Jesus JOTT wegfällt
(rheinisch für GOTT)
dann ist Jesus auch nicht mehr
der, der er war.
Dann ist er für viele nur noch: >

E rdenmensch

S o einer wie wir

U nd

S owiesonichtsbesonderes _

_

Kreuzworträtsel im Jahr 2114:
Veraltetes Wort für menschliche
Selbst-überschätzung mit 6
Buchstaben?
Würde (aufgelesen) __

Rechtsradikaler Christ

Weil du Christ bist
nennt man dich neuerdings
rechtsradikal.
Es stimmt:
am Ende stehen die Guten auf der
rechten Seite, weil sie radikal waren
d.h. Wurzeln hatten im rechten
Glauben
und weil sie auf dem rechten Weg
waren.
Welch ein Kompliment
ungewollt von denen
auf der linken Seite,
für die es am Ende gar nicht so gut
ausgeht: die zur Linken.
Sei du deshalb ein
recht radikaler Christ

Konservativ

Weil du Christ bist und Werte hast,
bist du konservativ.
Sei dankbar für diesen Ehrentitel.
Während gewisse Fortschrittliche
fortschreitend Lebenswichtiges über
Bord werfen,
muss es die Konservativen geben,
die bewahren (konservare), was wir
nötig haben werden. __

Blähungen

Grundwort des Glaubens:
empfangen
Grundwort der Ich-Existenz
(der Sünde):
sich nehmen.
Das eine:
sich von Gott erfüllen lassen.
Das andere:
sich selbst zur Gottheit
aufblähen __

Früher:
Drum prüfe, wer sich ewig bindet
Heute:
Drum prüfe ewig, wer sich bindet
(ob sich nicht doch was Besseres
findet). __

Manche Eheleute
machen viel Mist
in ihrer Beziehung,
wenn´s schlimm wird
sogar
Schei-
Dung. __

Blödes Wortspiel

Die hl.Messe war früher eine
Dreifaltigkeitsverehrung
Heute wird sie schon mal
Beifalltigkeitsvermehrung
Statt gefalteter Hände
beifalltige Hände
Beifall klatschend >

Statt Ehre sei Gott
Ehre den Mitwirkenden .
Beifall in der Messe –
für das, was Einzelne tun;
Anzeichen dafür,
was verlorengegangen ist
an heiligem Verstehen.
Wenn unser Lobpreis
nicht Lobpreis ist
und nicht zum Himmel
aufsteigt
wenn wir uns selbst
Beifall geben –
ist das dann noch
Gottesdienst? __

Moderne **Blas(s)** phemie
Ziemlich **blass** die Christen heute
Manchmal **blass** die Verlautbarungen
keine **blass** e Ahnung vom
Glauben
keine **blass** e Ahnung von der
Fülle
viele er**blass**en im Glauben und
es ver**blass**t die kräftige Farbe
des Glaubens
Moderne **Blas(s)**phemie __

Das Reich Gottes ist immer paradox,
wider die gewöhnliche Meinung,

Stromlinie ist nicht seine Sorte.
Es braucht seine Verrücktheiten
und seine Verrückten
die ver-rücken,
was man sich zurechtgerückt hat
hinter dem Rücken Gottes.
Paradoxe bringen Gottes doxa,
seine Ehre ins Spiel.
Sie bringen Durch-einander in
tödliches Gleichmaß
Ehelose um Gotteswillen
sind der letzte Schrei:
sie wecken auf __

Früher gab es den reuigen Sündern
heute gibt es den fordernden
Sünder, den aus der Norm Gottes
Herausgetretenen, der sich wütend vor
Gott und die Öffentlichkeit hinstellt,
und verärgert reklamiert, weshalb man
seine Sünde noch nicht heilig
gesprochen hat. __

gestern noch

Gestern noch die Vermutung
du wärest nicht da
und ich ganz allein
in totem Land.
Heute morgen spüre ich leise
auf der Schulter eine Hand
die mir sollt´sagen:
du wärest doch da.
Heute die Verwunderung
und die Ahnung:
auch morgen noch wird
deine Hand auf mir liegen __

Interessant

Der da lauthals sagt,
er brauche die Kirche nicht,
und ihren Glauben nicht –
der hält lautlos die Bibel
in der Hand und zitiert daraus,
aus dem ersten Glaubensbuch >

der Kirche –
und merkt nicht,
wie er sich selber widerlegt. __

Adelige

Christsein heißt, adelig zu sein
Wir sind nämlich „von“:
„von Gott“ -
wir sind geliebt „von Gott“
und gehören zum Adelsgeschlecht
des Himmels,
ein auserwähltes Geschlecht.
Gottes Blut fließt in unsern Adern.
Unsere DNA ist göttlich.
Die ihr vom Hause Gottes seid
kommt schließet nun mit Freudigkeit
den Bund in seinem Namen.

Zeit um zuzunehmen

Das Leben ist Zeit zum Zunehmen
Gewicht auf die Waage Gottes
bringen. Zunehmen an Wohlgefallen
bei Gott und den Menschen
Gott wird fragen, wieviele Talente
(Pfunde) hast du dazugewonnen?
Damit wir nicht gewogen und zu leicht
befunden werden

Unser Leben wird zur Gabe

Hartnäckig hält sich das Gerücht,
Weihnachten sei das Fest, das am
meisten mit Geschenken zu tun habe.
Doch Pfingsten steht dem geistlich
überhaupt nicht nach:
da wird uns die höchste Gabe Gottes
geschenkt: sein Heiliger Geist.
Und der lehrt uns, aus unserem Leben
ein Geschenk zu machen, eine Gabe. _

Sonntagsschule

Wenn die Kirche Gottesdienst feiert,
dann tut sie es,
um uns durch die Feier der göttlichen
Liturgie an den Himmel zu gewöhnen
Was wird uns da jeden Sonntag doch
an voraus schauender Schönheit
geschenkt!
Ich wünschte, die Vielen würden
kommen und es erleben.

Eine große Familie

Heilige und Sünder, jung und alt,
stark Glaubende, Zweifelnde und
Leute mit Glaubensschwierigkeiten –
sie gehören dazu.
Unsere Sünden und unsere Schuld sind
dabei, unsere Tragödien, unsere Skandale –
nicht wenige, denn in jedem von uns
gab es von Anfang an auch das Böse.
Doch viel zahlreicher und stärker:
das Gute, die Liebe, die wir in die Welt
gebracht haben und bringen...
Wir brauchen uns nicht verstecken –
wir haben in die Welt die Güte Gottes
gebracht –
wir, die Christen. Eine große Familie
von Sündern und Heiligen.

Messe – ein Geschenk

Früher war das Messbuch zu Beginn
verschlossen.
Erst wenn der Priester an den Altar >

trat, öffnete er das Buch.
Zeichen dafür, dass wir jetzt nichts machen oder gestalten müssen.
Es wird uns geschenkt,
es ist uns vor-geschrieben (im doppelten Sinne des Wortes).
Wenn das Buch eröffnet ist,
entfaltet es seinen Segen: Gottes allem zuvorkommende Gnade.
Gott jetzt handeln lassen!
Nicht anstrengen, nichts leisten,
nur ganz da sein, zuhören, singen, beten, mitvollziehen. __

Im Nebenhaus wohnen

Erstaunlich – was Pfarrei wirklich heißt. Wortherkunft: griechisch – lateinisch parochia – par-oikia.
Nebenwohnung, Haus neben der Welt.
Eigentlicher Wohnsitz woanders.
In der Welt und doch nicht von der Welt.
Hier auf Erden schon Leben nach der Hausordnung Gottes.
Mit einem Fuß (nicht im Grab),
sondern in der Hauptwohnung.

Sie bringen alle mit –
oder die Stellvertretung

Unsere Werktagsmesse hat immer eine volle Kirche – sagte der Pfarrer.
Aber da waren doch nur 4 Leute gewesen – erwiderte jemand.
Ja – sagte der Pfarrer lächelnd – aber die „bringen" alle anderen mit! Die Kirche ist so immer voll! __

Ist Gott mit einem Sünder
zufrieden?

Gott liebt alle Menschen mit Wohlwollen.
Denn er will aller Menschen Wohl, ihr Heil. Auch das Heil des Sünders.
Doch mit Wohlgefallen kann er diesen nicht lieben, sonst würde das heißen, dass die Sünde sein Wohlgefallen fände. Er kann nicht zufrieden sein mit einem Menschen, der in seinem Status verharrt.
Manch einer verbarrikadiert sich hinter dem Wort „Gott liebt dich so, wie du bist". Das macht ihn genügsam und selbstsicher.
Doch muss man diesen Satz ganz hören. Dann heißt er weiter: „....aber Gott fordert dich heraus zur Umkehr. Geh hin und sündige nicht mehr."
Jetzt ist der Mensch herausgefordert, vom Wohlwollen Gottes hinüber zu gehen und sein Wohlgefallen zu finden – durch Umkehr.

Wenn du meinst, es gäbe nichts, wo Gott dir vehement widersprechen oder dich korrigieren möchte, dann bist du entweder schon ein Heiliger
oder du bist selbstgerecht

Der Professor vorne am Pult
weiß mit tödlicher Sicherheit,
dass es keine Hölle gibt
und dass Jesus nie davon gesprochen hat.
Seine Sicherheit ist wirklich tödlich. __

Die Würde einer Frau

Nie wird die Würde einer Frau
deutlicher, als wenn sie sich
rundet,
weil neues Leben in ihr wächst.
Ehrfürchtiges Staunen ist
angesagt,
denn in ihr pulsiert das
unendliche Geheimnis
des Lebens.
In der dunklen, geheimnis-
vollen Höhle ihres
Mutterschoßes passiert von
neuem die Schöpfung.
Ganz nahe an Gott,
dem Schöpfer des Lebens,
ist eine Frau dann.
Sie verkündet Gott und seine
Schöpferkraft.
Als Frau steht sie dann in Blüte
und auf der höchsten Stufe
ihres Seins.
Sie ist so kostbar und wesentlich.
Himmel und Erde verbinden
sich in ihr.
Aus Erde: das kleine
Menschenkind in ihr.
Vom Himmel: der Lebensatem,
der es ins Sein gerufen und
beseelt hat.
Ein staunendes Lob an alle
Frauen, die gesegneten
Leibes sind.
Ein staunendes Lob an den
Schöpfer, der die Frau
geschaffen hat, damit in
ihr sich das Wunder des
Lebens immer von neuem
wiederholen kann!
Ein Lob auch den Frauen,
die nicht Mutter werden konnten:
sie können geistliche Mutterschaft
schenken und geistliche Kinder
haben.
Auch sie sind gesegnet. __

Jesus ging weg!

Jesus aber schritt durch die Menge
hindurch u n d g i n g w e g!
...weil die Leute ihn nicht ernst
nahmen.
So heißt es im Evangelium.
Was wäre –
wenn das h e u t e so wäre?
Jesus – weggegangen
weil ich ihn nicht ernst nehme
und verharmlose.
Jesus – weggegangen
weil ich ihn gezähmt habe
nach meinem Willen.
Jesus – weggegangen
weil ich den heißen Brei habe
kalt werden lassen.
Weil ich seinen Klartext
vernebelt habe.
O Jesus, tu es nicht, geh
nicht weg.
Oder komm wieder.
Mach´s wie bei den Jünger in
Emmaus: Kehr bei uns ein,
um bei uns zu bleiben.
Fordere uns heraus,
versetze uns ins Staunen,
sei ungezähmt, kantig,
und lass uns in allem deine
Führung und Liebe erfahren. __

Kleine Theologie vom Antwort geben

Woran man erkennt, dass ein Mensch von Gottes Barmnherzigkeit erreicht worden ist?
Am Feuer, den er unter seinem Stuhl spürt, und das ihn vom Stuhl reißt.
Ein solcher Mensch ist voller Unruhe, alles in ihm drängt ihn, Gott zurück zu lieben.
Ein Zwang liegt auf ihm, er kann seinen alten Zustand um Gottes Willen nicht mehr aushalten, er kann nichts mehr beim Alten lassen.
Er wird umkehren und sich Gott noch mehr als bisher zuwenden.
Gottes Barmherzigkeit ist zwar bedingungslos, aber nicht konsequenzenlos.
Das sicherste Anzeichen, dass jemand von Gottes Barmherzigkeit erreicht wurde: eine lebendige Unruhe für Gott, die ihm Antwort geben will.
Das Vor-Wort Gottes will unsere An-Wort.

Was kostet eine Messe?

Die ist st eine häufige Frage beim Bestellen einer Messintention.
Antwort:
Sie ist unbezahlbar.
Sie kostete Jesus das Leben.
Er hat schon für uns bezahlt.
Die Messe ist voll der Gnade.
Komm, iß und trink, ganz ohne Geld. Komm!

Sicher – nicht!

Nein, sicher bin ich mir nicht, was das Persönliche Gericht angeht, wenn ich gestorben bin.
Doch Hoffnung habe ich, unbändige Hoffnung, dass dieses Knäuel, das mein Leben ist, dieses Wirrwarr aus Gutem und Bösen, Erfolg und Versagen, Sünde und Liebe sich eines Tages so entwickelt, dass ich mit Hilfe der Gnade Gottes zum Heil komme.
Stark hoffen darf ich darauf und voller Zuversicht sein.
Doch – sicher bin ich mir erst dann. Und das ist gut so! __

Als Saulus (der spätere Paulus) mit Eifer und als Eiferer die ersten Christen verfolgt, stellt Jesus ihn zur Rede:
Warum verfolgst du m i c h?
fragt er ihn. Nicht:
Warum verfolgst du diese?
Nein... warum m i c h?

Christus und die Kirche sind stärker ineins, als ich ahne. Er identifiziert sich mit ihr. Ich und sie – wir sind ineins.

Muss uns das nicht etwas vorsichtiger machen, wenn wir über die Kirche urteilen?
Alles trifft IHN.
Und der fragt uns: Weshalb schlägst du m i c h? __

Kapitel 4
Sätze für eine konsequente Nachfolge und für einen kantigen Glauben

Gerne will ich Christus nachfolgen! Er fasziniert mich. Er macht mich froh und frei! Er ist die Erfüllung meines Menschseins. Ich kann mir ein Leben ohne ihn nicht vorstellen!

Aber: Er beunruhigt mich auch, ruft mich heraus, lässt mich nicht den Schlaf der Sicherheit schlafen, sondern sagt mir immer wieder: Es ist Zeit vom Schlaf aufzustehen. Von jenem Schlaf der Sicherheit, in den ich geraten kann, wenn ich meine: es ist alles schön in meinem Glauben, es ist alles schön in unserer Gemeinde: unsere Gottesdienste sind schön, die Predigten sind schön, die Kirchenmusik ist schön, unsere Gemeinschaft ist schön. Nachfolge ist jedoch kein Wohlfühlen, jedenfalls nicht in erster Linie. Eine Wellness-Tour hat Jesus seinen Jüngern nicht versprochen. Eher das Gegenteil! Jesus hat auf keinen Daunenkissen geschlafen, hatte keine gepolsterten Kirchenbänke und sein Weg durchs Leben und bis ans Kreuz war keine schöne Angelegenheit. Seine erste Messe mit den Jüngern hat er auf dem Holz des Kreuzes gefeiert. Das Abendmahl vorher war „nur" ein „Vorgeschmack" davon. Und das Schönsein einer Messe endet genau vor diesem Kreuz. Sein Tod am Kreuz, den wir in der Messe feiern, war nicht schön! *)

Und auf mein gutes („schönes") Gefühl kommt es überhaupt nicht an. Sondern darauf, dass ich hinter ihm her bin. Dass mein Adrenalinspiegel sich immer wieder nach ihm ausstreckt. Dass mein Herzklopfen nicht aufhört, wenn ich an ihn denke. Dass ich meinen faulen Hintern immer wieder hochreiße, um hinter ihm herzulaufen, herzuhinken, herzustolpern, mit mühsamen Schritten, hinfalle und wieder aufstehe und nicht aufgebe. Er fasziniert mich. Er zieht mich. Er lässt mich nicht los.

Nicht *ich* muss mich wohl fühlen mit ihm, sondern er muss sich meiner sicher sein.

Gerne will ich Christus nachfolgen! Doch, wo finde ich ihn? Es gab Zeiten, da hat mich ein teuflisches Schlagwort in Versuchung geführt: Jesus ja – Kirche nein. So, als ob ich Ihn finden könnte, ohne die Kirche. Dieses Wort gaukelt mir ja vor, als ob Jesus ohne die Kirche – oder vielleicht sogar gegen die Kirche – zu haben sei. Man nehme die Bibel – und schon hast du Jesus. Man vergesse den Papst und das Lehramt – und schon hast du den wirklichen Jesus vor dir. Weit gefehlt. Ihn finden, ihm nachfolgen kann ich nur in der Kirche und mit der Kirche. Das ist so eindeutig wie das bekannte Amen in der Kirche. Meinen Glauben habe ich in der Kirche und durch die Kirche bekommen. Ohne die Kirche gäbe es kein Neues Testament und es

*) Deswegen finde ich es schmerzhaft, wenn es in einer Messe „feucht-fröhlich" zugeht, wenn sie etwa an Karneval zur Sitzung ausartet u.a. Sie ist doch die Vergegenwärtigung des Kreuzesopfers. Dann sehe ich Jesus brutal am Kreuz sterben, und unter dem Kreuz tanzt seine Gemeinde und singt Karnevalslieder. Damit sage ich nichts gegen die Freude in der Messe!

würde heute keine Socke mehr von Jesus reden. Die Evangelien sind nicht vom Himmel gefallen, sondern in der Kirche und durch sie entstanden. Die Mutter Kirche hat das Neue Testament zur Welt gebracht. Ohne sie heute kein Wort mehr von Jesus! Die Mutter Kirche war zuerst, dann kam die Schrift. Mit der Schrift allein – da bleib ich auf den Zeilen sitzen!
Die Henne ist immer früher als das Ei. Und dafür muss man die Henne lieben. Doch in diesem Ei, diesem Osterei, ist Er zu finden, der schon vor allem war und der der Grund ist für alles. Und Er ist verborgen, wie unter der Eierschale. Und damit er nicht immer nur verborgen und unverständlich bleibt, hat er selbst seine Kirche geschaffen und ihr gesagt, dass in ihr der Heilige Geist wirken wird, und dass dieser Heilige Geist die Kirche untrüglich führt und sie in die Wahrheit immer tiefer einführt. So pellt die Kirche durch die Jahrhundert immer wieder die Schalen von diesem Osterei, damit Er immer deutlicher zum Vorschein kommt. Die Kirche legt mir die Schrift so aus, dass ich nicht unter die Räuber gerate. Sie sagt mir die Wahrheit über mein Leben und belügt mich nicht. Ganz im Gegensatz zu anderen. Und durch die Jahrhunderte und zwei Jahrtausende hat die Kirche die Bibel ausgelegt und damit eine heilige Tradition geschaffen, unterstützt vom Heiligen Geist, damit sie nicht irre geht. So hat sie Christus für uns heute frisch erhalten. Wenn ich „die Bibel allein" nur will, dann sperre ich Gottes Geist ein und verweigere ihm, dass er die Bibel entfalten kann in die Lehre der Kirche hinein.

Also: Diesen Jesus Christus, von dem ich heute weiß, den habe ich nur durch die Kirche. Und so ist alles, was ich von Jesus wissen und lesen kann, auf dem Mist der Kirche gewachsen. Ja tatsächlich, genau auf dem Mist, den die Kirche auch macht. Und wenn ich das sage, muss ich ehrlicherweise hinzufügen: auf dem Mist, den wir Christen machen; auf dem Mist, den ich tagtäglich mache. Und Gott kann mit unserem Mist sogar seinen Acker düngen, sodass sein Reich darauf wächst. Auch auf dem Mist der Kirche. Auch aus unserem Versagen wird seine Kirche erbaut. Siehe Petrus und seine Verleugnung: vorher Wackelpudding und jetzt: der Fels. Siehe Paulus/Saulus: vorher rasender Verfolger, dann rasender Nachfolger.

Ihm nachfolgen kann ich nur in der Kirche und mit der Kirche, nicht gegen sie, nicht an ihr vorbei. Auch nicht an ihrer Lehre vorbei! Alles andere ist pure Illusion. Das ist dann nur mein Hochmut, weil ich mich nicht gern unterwerfen will, weil ich gern über alles selbst bestimmen will. Ein Idiot wollte ich sein; das ist ein griechisches Wort und bedeutet: Eigenbrödler. Also einer, der gern sein Brot allein isst; der auf seiner Ich-Insel verrottet; einer der sich sagt: Ich brauch die Kirche nicht, weil ich mir selber genüge. Doch das ist Irrsinn. Da wirst du irrsinnig, weil du mit deinem Sinn in der Irre suchst.

Auch wenn man gern die Kirche austricksen möchte: ohne sie gibt's keine Christusnachfolge.

Denn Jesus hat sich selbst an diese Kirche gebunden; sie ist sein fortlebender Leib durch die Jahrhunderte, bis er wiederkommt. Wer die Kirche hört, hört ihn. Sagt er. Was sie bindet oder löst, daran hat sich der Himmel gebunden. So sagt Jesus. Originalton Jesus. Und als Saulus die Kirche mit blutigem Eifer verfolgt, da schmeißt ihn Jesus von diesem hohen Ross herunter und fragt ihn: Saulus, warum verfolgst du m i c h? Er sagt nicht: warum verfolgst du die Kirche, sondern warum verfolgst du m i c h? Viel tiefer kann die Identität Jesus-Kirche nicht ausgedrückt werden. Wer Jesus gegen die Kirche ausspielen will, tritt Jesus ans Schienbein und foult ihn!

In kircheninternen Stammtischen und Kritikerrunden, sitzen oft die Besserwisser; die wissen und können es besser als die Kirche, als der Papst. Gegen die Unfehlbarkeit, die dort sichtbar wird ist die Unfehlbarkeit der Kirche und des Papstes, die man dort beklagt und verneint, nur noch ein Klacks. Es ist ein beliebter Sport, sich selbst und seine Praxis für das Gelbe vom Ei zu halten. Doch das Gelbe vom Ei ist anderswo (siehe weiter oben).

Rückblickend auf mein Leben muss ich gestehen: ich habe viele Jahre damit zugebracht, mir mein eigener Papst zu sein und – im Gewissen – fast mein eigener Herrgott. In aller Selbstüberheblichkeit war ich viel päpstlicher als der Papst, wähnte mich viel unfehlbarer als er und die Kirche – und was ich Papst und Kirche unterschob und ihnen vorwarf: ich tat es selber in reichem Maße. Nämlich meine Meinung zum Dogma erheben.

Rückblickend auf mein Leben muss ich aber auch sagen: ohne die Kirche wäre meine Jesus-Nachfolge ins Wasser gefallen, hätte sich verdünnisiert wie verdunstendes Wasser auf der heißen Herd-platte. Ohne die Kirche wäre auch die Botschaft von Jesus längst abgesoffen in den Untiefen menschlicher Ichsucht, wo jeder sich selbst zum Maß aller Dinge macht.
Es ist doch etwas typisch Menschliches und es zieht sich durch alle Jahrhunderte: immer möchten wir Menschen das Göttliche auf unser Niveau herunterziehen, damit es uns nicht mehr sticht, damit wir nicht mehr herausgefordert werden dadurch. Schon die alten Griechen haben ihren Göttern Ehebruch angedichtet, also genau das, was sie selber trieben – nur um diese Götter herunter zu holen von ihrem Thron. Heute macht man aus Gott den „lieben“ Gott, und lässt ihn einen guten Mann sein. „Der ist lieb“, so sagen auch die Hundebesitzer, denen ich begegne, über ihren großen Hund, und sie fügen hinzu: „Der tut nichts!“ So ist bei uns dieser „liebe“ Gott auf den Hund gekommen! „Der tut nichts!“. Ich habe den Eindruck: wir Menschen von heute haben uns aufgrund der öffentlichen Meinung und unserer eigenen Wünsche ein bestimmtes Bild von Gott, dem Glauben und der Kirche gemacht. Und jetzt versuchen wir mit aller Macht und allen Tricks, Gott, den Glauben und die Kirche nach unserem Bild zurecht zu schnitzen. Sie müssen mit aller Macht unserem Bild angepasst werden, damit sie uns nicht mehr stören, sondern bestätigen. Und das ist auch der Grund für diese schreckliche Relativierung der Kirche, die man von

Christus abtrennt und so tut, als könne man sie gegen Christus ausspielen. Du sollst dir aber kein Bild machen!

Ohne die Kirche hätte man Jesus längst zum gemütlichen Kumpel am Stammtisch in der Kneipe degradiert, hätte man sein Kreuz längst in die Ecke geworfen und ihn zum Sünder gemacht, wie wir es sind. Nur damit er uns nicht mehr stört. Ich sehe doch, wie manche aus ihm einen Softie in Filzpantoffeln gemacht hat, einen Jesus frei zum persönlichen Verbrauch, und ihn mit Esoterik füttert und im Zeitgeist badet. Wie man die alten Werte des Christseins über Bord wirft, nur um „aktuell“ zu sein, um „Kirche der Freiheit“, zu sein oder was sonst noch für seichte Werbesprüche durch die Interviews und Selbstdarstellungen geistern. Man will Jedermanns Liebling sein, ist aber doch am Schluss nichts anderes als Jedermanns Niemand und wird letztlich nur als Blödmann benutzt, von denen, die den Totentanz gern ungestört tanzen wollen, bis sie umfallen. Biedert euch nicht an – sagt Jesus (Lk 9,5).
Was bin ich froh, dass Christus durch seine Kirche spricht und mich durch seine Kirche ruft.

Gerne will ich Christus nachfolgen! Und zwar auch diesem kantigen Jesus, der vom Gericht spricht, und von meiner Verantwortung vor Gott, und davon, dass man sein Leben verspielen kann, wenn man es ohne Gott spielt. Gerne will ich diesem Jesus folgen, der die Sünder liebt, also auch mich, der aber nicht so tut, als dürften die Sünder bei ihrer Sünde bleiben, wie es heute oft verstanden wird. Er ist gekommen, die Sünder zu rufen, und nicht, um sie zu bestätigen. Gerne höre ich von ihm das Wort „Du bist geheilt – aber nun geh hin, und sündige von jetzt an nicht mehr!“ Das fordert mich mehr heraus als die „Jesus-ist-immer- lieb“-Devise, wonach man den Eindruck haben kann, Jesus wäre es total egal, wie wir leben. Da wird aus dem feurigen Wein des Evangeliums schlappe Milchsuppe gemacht. Und *dieser* Jesus ist dann nur noch das Konstrukt des modernen Menschen, der so leben will, wie er es will, und sich dabei von Gott nicht stören lassen möchte. Aber am Schluss erwartet er von Gott die Gnade, die er jetzt und heute ausschlägt.
Da tut es mir gut, wenn Jesus sagt: „Wer mit meiner Gnade und Liebe heute, wo es Zeit ist, nicht arbeitet, sie nicht annimmt und nicht aus ihr lebt – der hat auf Ewigkeit nicht damit zu rechnen, dass ihm am Ende das Paradies wie gebratene Vögel in den Mund fliegen wird.“ Am Ende sagt er zu jedem von uns: „Dein Wille geschehe!“ – und die Richtung vorher bestimmt dann die Richtung nachher. Die Freiheit, die ich mir im Leben auf Erden herausnehme, die wird er akzeptieren. Das ist seine Barmherzigkeit.

Das ist Brennstoff, das ist Zunder für ein Leben in der Nachfolge. Das gibt Schub und dann fühle ich mich vom ihm selbst so richtig ernst genommen. Von den „Jesus-ist-lieb- und Gott-tut-nichts“-Reden fühle ich mich jedenfalls nicht ernst genommen. Jesus ist nicht harmlos. Jesus ist nicht lieb. Er ist die Liebe. Und was für eine feurige Liebe! Diese, seine Liebe ist so stark, dass sie jeden, der sie erfährt, vom Hocker reißt – und dann bleibt bei diesem Menschen nichts beim Alten. Nichts mehr!

Wahre Liebe fordert heraus, zündet an, kann weh tun. Es ist Ausdruck seiner Liebe, dass er uns vor Konsequenzen warnt. Jesus ist kantig. Er ist zornig über die sturen Menschen. Er weint über unsere Halsstarrigkeit. Er will ein Ja oder ein Nein, aber kein Vielleicht. Heiß oder kalt sollen wir sein. Aber wenn wir lau sind, will er uns ausspucken aus seinem Mund. Feuer auf die Erde zu werfen ist Jesus gekommen. Sagt er selbst. Und wie gern möchte er, dass wir Christen brennen, vor Liebe brennen; und zwar in Gottes-und Menschenliebe.
An diesem Feuer kann ich mich wärmen. Alles andere lässt mich kalt. Ach, diese lauwarme relativierte Glaubensbrühe, die in manchen Zirkeln verabreicht wird, kann doch niemand wirklich auf den Geschmack Christi bringen.

Gerne will ich Christus nachfolgen! Und das bedeutet auch: sein Nachfolger sein! Also: ihn heute darstellen in dieser Welt, durch mein Leben, durch das Einhalten der Gebote und zwar aus Liebe. Als liebende Antwort auf seine zuvorkommende Güte. Ihn heute in der Öffentlichkeit mutig bezeugen und mich nicht ständig verstecken und nicht sagen: „Entschuldigung, ich bin katholischer Christ, aber es soll nicht mehr vorkommen“. Ihn unverschämt, ohne Scham bezeugen, das will ich, weil er es von mir will. Ich brauche als Christ und Jesusfreund keinen Minderwertigkeitskomplex haben; „die andern sollten einen haben, denn sie sind daneben (P.Karl Wallner)“!

Sein Nachfolger sein heißt, mich nicht einlullen lassen vom Zeitgeist und das Gerede nicht mitmachen, der Glaube möge sich doch gefälligst an den Menschen anpassen. Jesus passt sich nicht an. Er passt in keine menschliche Form. Und es ist immer Häresie, ihn in menschliche Formen zu pressen. Umgekehrt muss es sein: wir sollen in seine Form gebracht werden. Das ist die wahre Re-Form, wenn wir aus unserer Unordnung in seine Form geraten und uns zu einem wirklichen Menschen formen lassen. Mit dem, was die Kirche abschaffen soll, z.B. den Zölibat und anderen Dingen, geschieht keine Reform; da geschieht nur Abschaffung. Da schaffen wir uns schließlich selbst ab. Da zerstören wir die letzten Reste vom Anderssein als die Welt. *Re-form heißt: Herr, forme mich nach deinem Maß und lass dich von mir nicht einsperren in meine Wunschträume. Herr, reiß mich aus meinen Verwirrungen und bring mich in Form. In die Form, die mir gemäß ist*. Die eigentliche Reform der Kirche betrifft mein Herz. Die Reform der Kirche beginnt daher am besten in der persönlichen Beichte!

Jesu gültige Form, in die wir uns formen lassen sollen, ist in der Kirche gegenwärtig. Wer als Getaufter ohne diese Kirche leben will, dessen Menschsein, Christsein und dessen Zukunft ist formlos, unbestimmt. In Form sein kann man als Christ nur, wenn man in der Form ist. Sonst wird man konturenlos, man ist dann nicht mehr dicht (weil nach allen Seiten offen). Selbst Religionssoziologen, die mit der Kirche nichts am Hut haben, sagen, dass es nur die kantigen Dogmen der Kirche sind, die die Menschen letztlich faszinieren, auch wenn sie an ihnen zuerst einmal anecken. Wer aneckt, wird wenigstens aus seinem Tran aufgeweckt, aus dem Schlaf der Sicherheit.

Der Fels Petrus ist dazu da, dass andere über ihn stolpern, um wach zu werden und aufzustehn. An Christus und seiner Kirche anzuecken, das ist das Beste, was mir passieren kann. Wenn ich das nicht mehr zulasse, dann fehlt mir eine Ecke, dann habe ich im wahrsten Sinne des Wortes eine Ecke ab.

Was ist das doch immer für ein Geheule, wenn ein prophetischer Bischof noch prophetisch die Wahrheit sagt, für Klartext sorgt! Solche Bischöfe sind Gold wert, die nicht schweigen, sondern selber Gegenwind sind, anstatt die Fahne nach dem Wind zu richten. Es gibt ja das Gesetz der Erschlaffung: wenn wir lange genug im Sturm der öffentlichen Meinung gestanden haben, dann kann es sein, dass dieser Wind unsere Kanten abgeschliffen hat und wir werden unbemerkt stromlinienförmig. Dann sind wir es leid, uns gegen den Gegenwind zu stellen. Wer will schon ständig anecken? Und dann beginnen wir, einzulenken, ohne zu ahnen, dass wir umgeschliffen worden sind. Dann halten wir plötzlich den Gegenwind für sinnvoll, sehen vielleicht sogar in der Sünde noch etwas Gutes und auf einmal reden wir der Welt nach dem Munde: um eine Antwort zu haben auf das Trommelfeuer derer, die innerhalb der Kirche und außerhalb auf Reformen drängen, sprich: an Ermäßigung interessiert sind. Und dann wird das große und heilige Wort von der Barmherzigkeit zur Legitimation für alles und jedes. Und: Die Kirche sei herzenshart wird dann gesagt. Jesus sagt es umgekehrt. Er bezichtigt jene der Herzenshärte, die das ursprüngliche Gebot Gottes aufweichen, und vor der Praxis kapitulieren. Das geschieht heimlich und daher unheimlich. Es ist doch so: wir haben mehrere Geschiedene, die zivil wiederheiratet sind in der Familie, und nebenan wohnt doch das nette schwule Paar, und die eigenen Kinder leben unverheiratet zusammen, und dann relativiert sich wie von selbst unsere bisherige Einstellung und unsere Zustimmung zur Lehre der Kirche wird schwächer. Oder wir erleben, dass jede und jeder zur Kommunion hinzutritt. Und dann heißt es nach einiger Zeit: ach, lasst sie doch alle tun, was sie tun wollen. Der liebe Gott ist doch nicht so. Die erlebte Praxis in all diesen Dingen also schneidet Löcher ins Tuch, bis nur noch ein Lochgewebe übrig ist.
Es gibt die Geschichte von dem Frosch, den man in kaltes Wasser wirft, um ihn zu kochen. Zunächst ist es für ihn im langsam wärmer werdenden Wasser noch angenehm und er gewöhnt sich daran; das wärmer werdende Wasser schläfert ihn endlich ein und so ist es zu spät, und er wird gar gekocht und stirbt. Gar gekocht werden wir auch in der öffentlichen oder auch der innerkirchlichen Meinung, sodass wir kaum merken, wie wir uns anpassen. Langsam und allmählich gewöhnen wir uns da sogar an die Sünde.
Wir brauchen Propheten, Bischöfe, Priester, Gläubige, die uns rechtzeitig warnen.

Ohne Propheten geht ein Volk zugrunde, auch die Kirche. Nachfolge Jesu hat auch immer etwas Prophetisches an sich. Leichte Schläge auf den Hinterkopf erhöhen bekanntlich die Intelligenz – auch die religiöse Wachsamkeit.

Solche Nachfolge ist ein Abenteuer. Ein spannendes Abenteuer. Da will ich gerne mitmachen, mich einbringen. Denn ich spüre: ohne, dass ich mich einbringe, geschieht nichts Wesentliches. Hingabe ist der Schlüssel dieser Nachfolge. Wer sein Leben hingibt, der wird es gewinnen. Der andere wird es verlieren. Wer sich Christus nicht zuwendet steht immer schon auf der Verliererseite. Wer ihm nachfolgt, hat schon das Leben, sagt er.

Ihm zu folgen und seiner Kirche zu folgen ist wie das Entdecken einer Schatztruhe. Welche Weisheit gibt es doch in seiner Kirche, gegen manche Banalität in der Gesellschaft, wenn die über Kirche und Glauben redet, oder dem Unsinn, den die Medien oder auch manche Christen über Dinge des Glaubens sagen, von denen sie keine, wirklich keine Ahnung haben. In hundert Jahren werden die Historiker sagen, dass die katholische Kirche mit ihren Wertvorstellungen unserer Zeit um hundert Jahre voraus war und die nachhaltigsten Programme für das Überleben der Menschheit hat. All diese Eintagsfliegen, die heute herumfliegen und als der letzte Schrei verkauft werden: darüber kann eine Kirche mit 2000 Jahren Durchhaltevermögen doch nur milde lächeln.

Ihm in seiner Kirche folgen – das ist der letzte Schrei, der absolute Höhepunkt. Auf diese Nachfolge will ich mich gern mit meinem ganzen Leben einlassen. Denn das macht Freude, die kein Ende kennt.
„Seid nicht mittelmäßig“ so hat Papst Johannes Paul II. einmal zu Jugendlichen gesagt.
Das hat mich getroffen. Und ebenso hat mich der Satz getroffen, den ich einmal las: “Was ist, wenn Gott dich ruft auf den steilen Weg der Nachfolge? Um vieles zu verlassen und alles zu gewinnen.“ Vor allem den Hochmut zu verlassen, mit dem ich mich zum Maß der Dinge mache.

Wilfried Koch

P.S. Wie der Fischer, wenn er das Garn gelegt hat, im Wasser Lärm macht, um die Fische seinen Weg zu jagen und desto mehr zu fangen – wie der Jäger mit der Schar der Treiber das ganze Terrain umspannt und das Wild in der Menge aufscheucht zu der Stelle hin, wo es geschossen werden soll: so jagt Gott, der geliebt werden will, mit Hilfe von Unruhe nach dem Menschen. Das Christentum ist die intensiv stärkste, die größtmögliche Unruhe, es lässt sich keine größere Unruhe denken, es will – so wirkte ja Christi Leben – das Menschen-dasein beunruhigen vom tiefsten Grund aus, alles sprengen, alles brechen (…). Wo einer Christ werden soll, da muss Unruhe sein; und wo einer Christ geworden ist, da wird Unruhe sein (schreibt Sören Kierkegaard).

Kapitel 5: Glossen zum Kirchenalltag

Kirchliche Einladungen und Ankündigungen

Früher	**Heute**
Am Tag des Pfarrpatroziniums laden wir ein zum 24stündigen Gebet. ➔	Am Tag des Pfarrpatroziniums laden wir ein zum ganztägigen Pfarrfest.
Wir rufen dazu auf, nach der hl.Messe noch eine Weile zur Danksagung und im Gebet zu verbleiben. ➔	Bleiben Sie doch bitte nach der Messfeier noch eine Zeitlang vor der Kirche zum zwanglosen Gespräch.
Zur Teilnahme an den Andachten wird herzlich eingeladen. Wir bitten die Gemeinde um zahlreiche Beteiligung. Wir wollen im Gebet um eine gesegnete Zukunft für unsere Gemeinden bitten. ➔	Wir laden ein zur Teilnahme an diesen Sitzungen und bitten um vollzähliges Erscheinen. Wir müssen besprechen, wie wir die Zukunft unserer Gemeinden gestalten und planen.
Nach der Fastenpredigt ist Zeit für Besinnung und Gewissenserforschung. ➔	Nach der Fastenpredigt findet eine Diskussion über diese statt.
Alle Pfarrangehörigen werden gebeten zur Osterbeichte zu kommen. Pater Alfons spricht dazu am Dienstagabend über „Schuld und Versöhnung aus der Sicht der Kirche“ ➔	Der Referent spricht über das Thema: „Schuldgefühle müssen nicht sein! Über den katholischen Schuld-komplex und seine Überwindung aus der Sicht der Psychologie“.
Da es soeben 19 Uhr läutet, den Angelus, wollen wir unsere Sitzung unterbrechen und den Engel des Herrn beten. ➔	Es läutet schon 19 Uhr, der Engel des Herrn, und wir haben noch 3 Tagesord-nungspunkte. Deshalb lade ich ein, dass wir alle uns bemühen, füreinander gute Engel zu sein und Disziplin zu halten.
Bitte unterstützen Sie unseren Bischof bei seinem schweren Amt durch Ihr Gebet! ➔	Wir fordern Sie auf, dem Bischof Ihre Meinung und Kritik mit dem ausliegenden Briefvordruck mitzuteilen!

Wir wollen uns und unser Leben bei der Bibellesung in Frage stellen lassen und schauen, was der Wille Gottes ist. ➔	Wir werden an den Bibeltext jede Menge kritische Fragen stellen und sehen, wie er unseren eingeschlagenen Weg bestätigt.
Zur Erstkommunion wird eingeladen. Die Kinder lernen Christus als ihren Freund und Heiland kennen und empfangen schließlich den Leib des Herrn. ➔	Die diesjährige Kommunionvorbereitung steht unter dem Thema „Die Sonnenblume“. Die Kinder werden angeleitet, vom heiligen Brot zu essen.
Flectamus genua (Beuget die Knie)! ➔	Bitte bleiben Sie bei diesem Gebet doch sitzen!
Wir wollen alles, was wir in dieser Messfeier tun, zur größeren Ehre Gottes tun. Deshalb beginnen wir mit „Alles meinem Gott zu Ehren“. ➔	Wir danken dem Kirchenchor, der zu unserer Freude gesungen hat und bitten um Beifall für den Chor.
Zum Festgottesdienst laden wir ein! Wir feiern die hl.Messe vom Fest (Schott-Meßbuch Seite 245). ➔	Für die Vorbereitung der Festmesse suchen wir noch Interessierte, die die Messe planen, gestalten und durchführen möchten. Wir treffen uns ca. 3 mal. Bringen Sie bitte Texte und Ideen mit.
Zur Eröffnung: Introibo ad altare Dei.... Zum Altare Gottes will ich treten, zu Gott der mich erfreut von Jugend auf! Unsere Hilfe ist im Namen des Herrn...	Ich begrüße Sie herzlich, vor allem die Gruppe X und die Gruppierung Y, den Kirchenchor und die zahlreich erschienenen Messdiener. Es ist gut, dass wir zusammen gekommen sind. Wir sind versammelt als Gemeinde. Nehmen wir uns doch als Erstes einmal gegenseitig wahr. Hier sind so ganz unterschiedliche Menschen versammelt. Ich danke Ihnen, dass Sie trotz des schlechten Wetters gekommen sind. Sie haben sich nicht gescheut, durch den Regen hierhin zu kommen wie einst Israel durch das Rote Meer, nicht wahr. (Schmunzeln!). Vielleicht haben sich die Wasser für Sie auch geteilt. (Lachen!). So ist unser >

→	Zusammenkommen heute auch ein Wunder. Mit vereinten Kräften werden wir diesen Gottesdienst feiern. Hab ich noch was vergessen? Ach ja, wir feiern heute übrigens den 3.Sonntag im Jahreskreis…….
Lasset uns beten! Herr, unser Gott, alles steht in deiner Macht……… →	Als ich das Tagesgebet sah, dachte ich, ob ich Ihnen diesen Text heute noch zumuten kann. Aber wir sollten daran denken, dass die Gebete im Messbuch schon sehr alt sind und uns die Sprache heute nicht immer sofort anspricht. Wir wollen es trotzdem beten, weil wir uns damit der ganzen Kirche anschließen, die dieses Gebet überall betet. Beten gelingt uns ja nie vollkommen. So wollen wir es jetzt wenigstens versuchen. So vorbereitet lasst uns nun beten: Herr, unser Gott….
Wir hören Jesu ureigene Stimme, auch in diesem Evangelium, bei dem ein so schlimmer Ausgang unseres Lebens aufgezeigt wird, als dunkle Möglichkeit am Horizont. Fast flehentlich bittet uns der Herr, es nie soweit kommen zu lassen. Mit diesem Satz vom Heulen und Zähneknirschen will er uns den Ernst unseres Lebens darstellen. Unser Leben ist ein Ernstfall, es geht immer uns Ganze, um das ewige Heil. Bleiben wir treu, damit wir das Ziel weder aus den Augen, noch am Ende völlig verlieren! →	…..und da wird Heulen und Zähneknirschen sein!" das ist ja keine Frohbotschaft. In der Predigt will ich ihnen sagen, dass sie die düsteren Passagen dieses Evangeliums wegdenken dürfen, denn die stammen von den Evangelisten, die es nicht aushalten konnten, dass Jesus nur von der Liebe und Barmherzigkeit Gottes geredet hat, und darum die düsteren Gerichtsgedanken hineininterpretiert haben
Das Gleichnis vom Verlorenen Sohn *ruft uns auf, zu erkennen, wie oft wir von Gott fortlaufen und unser Leben auf die eigenen Füße stellen wollen, ohne Gott. Wie der Sohn verlangen auch wir frech von Gott „Gib mir, was mir zusteht!" Der Verlorene Sohn erkennt in der Fremde, wie sehr er den Vater verletzt und verwundet hat. Es tut ihm leid und er*	Das *Gleichnis vom Barmherzigen Vater* zeigt uns, dass es ganz menschlich ist, wenn jemand sich erst einmal frei macht von Bindungen. Zum Wachstum und zur Selbstverwirklichung gehört das unbedingt dazu. Der Sohn tut etwas ganz Normales, wenn er den Vater bittet, ihm das Seine zu geben. Das steht ihm ja zu, >

bereut, was er getan hat. Er spürt seine Sünde: denn er hat sich abgesondert von Gott. ➔	warum soll er nicht darum bitten? Der liebe Gott wird schon verstehen, was der Sohn tut, darauf dürfen wir immer vertrauen.
Das Gleichnis vom Verlorenen Sohn *zeigt uns, dass Umkehr möglich ist. Sie besteht darin, dass der Sünder sich auf den Weg macht, zu Gott zurück, und seine Schuld bekennt. Nur so kann er erfahren, dass der Vater wirklich barmherzig ist und ihn schon mit offenen Armen erwartet hat. Der Gott, der uns wahnsinnig liebt, wird uns dann in Freude aufnehmen und wir werden neugeboren sein.* ➔	Das *Gleichnis vom Barmherzigen Vater* sagt uns: wo immer wir auch sind, ganz gleich, wie wir gelebt haben, der Vater wird ganz am Ende seine Arme ausbreiten und lachend sagen: Kommt alle zu mir! Ihr alle seid eingeladen zum Mahl! Und er nimmt ein Stück Kreide und macht einen Strich durch alle offen gebliebenen Rechnungen. Deswegen können wir beruhigt unsere Wege gehen. Gott wird's am Ende schon richten!

Beifällig.....
oder: Die größere Ehre Gottes!

Es war während des Pontifikates von Benedikt XVI. Die Gewerkschaft der bayrischen Ministranten hatte ein bedenkenswertes Projekt in Gang gesetzt. Es lautete: Chancengleichheit für alle, die in der Messfeier einen Dienst tun! Was um alles in der Welt braute sich denn da im Starkbierland zusammen? so könnten wir fragen. Was hatte man denn den bayrischen Messbuben und –madeln in den Kaffee (oder besser: ins Bier) getan? Nun, es war nichts Schlimmes, aber es ging eben doch um eine Erfahrung, da wo sich die Messdiener ungleich behandelt fühlten und sich (Teufli auch!) ärgerten. Worüber? *Dass da in der Messn der Beifall eigentlich immer nur der Orgel oder dem Chor gespendet wird. Sind wir eigentlich nix?* fragten sich die Messbuben und –madln? *Mir ham's ja nix dagegen, dass die, die wo singen und die Orgel treten, dass die oan Beifall kriagn. Doch warum eigentlich nur die?* fragten sich die Jungen und Mädchen in den weiß-roten, schwarz-weißen (aber keineswegs weiß-blauen!) Gewändern. *Mir san doch jeden Sonntag zum Dienen da!* (also eine starke Konstante im Gottesdienst).

Kaum hatte die Messdienergewerkschaft diesen Gedanken ausgesprochen, schon hing sich eine andere Gewerkschaft daran: die der bayrischen Mesner. Auch sie moserten, dass sie beim Beifallspenden nach der hl.Messe nicht vorkommen. *Ja, mir hams doch die ganze Arbeit, dass die Messn so recht schöni wird!*

Und wie es dann so ist, wenn einer einmal einen Ball losgetreten hat, so erreichte dieser Unmut auch Rom, wo die Bayrischen damals einen der ihren in höchstem Amte besaßen, und als Bayrische sozusagen alle Papst waren. Und schon passierte es: in der Kongregation für den Gottesdienst machte man sich Gedanken, wie man die Messe wieder wahrhaft katholisch macht, das heißt: auch beim Beifallspenden *allumfassend*. Gemunkelt wurde, es würde ein Dokument verfasst, welches die Gerechtigkeit des Beifallspendens in der hl.Messe regeln soll, und zwar nicht nur für Bayern. Es soll den bemerkenswerten Titel tragen „De applausibus in ecclesia" (Vom Beifall in der Kirche). Da wir zu bayrischen Freunden einen guten Draht hatten, und die wiederum einen heißen Draht nach Rom (na klar!), konnten wir uns damals einige Informationen sichern. Da sollte es doch tatsächlich heißen (und es sei streng vorgeschrieben!), dass immer dann, wenn überhaupt ein Mitwirkender an der Liturgie mit Beifall versehen werden soll, dass dann (um des wahrhaft Katholischen willen!) auch alle anderen Mitwirkenden an der Messe beklatscht werden müssen, die da sind:

Messdiener, Küster/in, Chor, Solisten, Instrumentalisten, Organist/in, Kantor/in, Lektor/in, Kommunionhelfer/in, Priester, Prediger, Diakon, Konzelebranten usw… Man höre und staune: selbst die Kollekteneinsammler sind mit Beifall zu versehen. Und in ihrem Fall soll sogar die Summe besonders erwähnt werden, die jeder von ihnen mit dem Klingelbeutel ersammelt hatte. Selbst diejenigen Gottesdienstbesucher, die am kräftigsten mitgesungen oder mitgebetet haben, müssen benannt werden. Auch die Kinder, die wo etwas aufführen und darstellen, müssen beklatscht werden. Dazu soll vor den Fürbitten ein eigener neuer Messteil eingeführt werden, der sich „Darstellung der Kinder“ nennt! So soll das Werk, das ein jeder in die hl. Messe einbringt, gebührend bedankt und gewürdigt werden. Jedem seine Ehre!

Als ich damals mit einem älteren bayrischen Mesner über diese bevorstehende Regelung aus Rom sprach, reagierte er gar nicht so überschwenglich und freudig, wie ich es eigentlich erwartet hatte. Als er meinen fragenden Gesichtsausdruck sah, machte er eine abwehrende Handbewegung (so, als ob er das Thema vom Tisch wischen wollte), richtete seinen Blick gen Himmel und sagte lediglich: *„Woaßt was, i brauch keinen Beifall! I bin altmodisch. I tu alles, was i tu, immer zur größeren Ehre Gottes! So hab ich's glernt, so bleibt's a!“* Dann schaute er mich an: *„Woaßt denn net, was unser Benedikt, unser Papst, dazu gsagt hat?“* Ich schaute ihn fragend an. Er fuhr fort: *„Der hat, als er noch Kardinal war, gesagt, dass das ganze vom Teufel ist, wenn die Leut sich beweihräuchern lassn für das, was sie im heiligsten Dienst tun“* (siehe Seite 126 in diesem Buch). Sprach's und ließ mich mit meinem ganzen Gedankengedöns rund um den Beifall in der Messe einfach stehen. Erstaunt stellte ich fest: er hat mich nachdenklich gemacht, er - mit seiner altmodischen Sicht der Dinge. Von wegen: Alles zur größeren Ehre Gottes – und so.......

Sepp Glossalius

P.S. Aber warum zum Kuckuck ist die angekündigte Instruktion denn nie in Bayer angekommen, und auch in Preußen nicht? Man munkelt, dass der Präfekt der Gottesdienstkongregation die Instruktion einem bayrischen Monignore aus dem Vatikan anvertraut habe, mit der Bitte, diese den bayrischen Diözesen bekannt zu machen. Doch war der betreffende Monsignore (seinen Namen wollen wir aus Ehrfurcht vor ihm und seinem Schicksal nicht nennen) lange nicht in München gewesen. Und als er aus dem Zug stieg, wollte er zunächst schnurstracks zum Erzbischöflichen Palais gehen, doch da überfiel ihn ein solch sehnsüchtiger Durst nach einem Glas Starkbier, dass er zunächst im Hofbräuhaus Einkehr hielt – und das müssen wir sagen – dort völlig versumpft ist. Als er am nächsten Morgen in seinem Hotelzimmer aufwachte, hatte er einen Filmriß in seinen Erinnerungen und wusste nicht mehr, wo die Instruktion geblieben war. Und so kam es, dass diese wichtige Instruktion niemals angekommen ist und die Gläubigen sich weiterhin nach dem Gefühl richten mussten.

Wir konnten jedoch bei einem Kellner des Hofbräuhauses fündig werden, der hatte den Briefumschlag gefunden und für ein saftiges Trinkgeld rausgerückt. So sind wir in der einmaligen Lage, allen Neugierigen und Interessierten die römische Instruktion über den Beifall in der Messe präsentieren zu können. Wir bitten nur darum, uns deswegen nicht zu verraten und Stillschweigen zu bewahren.
Hier folgt nun der höchst geheime Text der Instruktion:

Römische Instruktion: De applausibus in Ecclesia
Über den Beifall in der Kirche

Die Instruktion ist über 40 Seiten lang; und es würde zu weit führen, sie hier in ihrer Gänze abzudrucken. Wir zitieren lieber die uns betreffenden, wichtigsten Teile. Die einzelnen Sätze sind sehr ernst zu nehmen:

Aus der Einführung: Die Kirche möchte dem Bewegungswunsch der Gläubigen entgegenkommen. Durch das dauerhafte Sitzen in der nachkonziliaren Liturgie entsteht in den Christgläubigen eine ungute Spannung, die letztlich nur durch liturgische Bewegung abgebaut werden kann. Die nahe liegende Bewegung, die das Aufstehen und Hinknien fast vollständig ersetzen kann, ist das Klatschen. Gemeint ist damit das rhythmische Aufeinanderschlagen der Handinnenflächen, durch welches jenes typische Geräusch entsteht, das sich an den Kirchenwänden bricht und in seinem Echo eine wahrhaft liturgische Atmosphäre erzeugt. Die heilige Kongregation begrüßt diesen Zuwachs an einer neuen, tiefen Frömmigkeitsform, die den Zeitläufen entsprechend ist und darum dem vom Konzil geforderten Aggiornamento auf eine Weise dient, wie die Väter es sich nicht hätten vorstellen können. ....
Zum Wohl des Gottesvolkes sind zwei Versionen des Klatschens zu unterscheiden:
das eine ist Klatschen als Ausdruck der Zustimmung, z.B. zu einer Predigt. Hier ist das Klatschen, wie wir es bei Messfeiern mit dem Papst in Rom erleben, oder jüngst noch durch die hl. Feiern beim Weltjugendtag, eine Art von Zustimmung; und ist damit ein Glaubensbekenntnis. Das Gottesvolk bekundet dabei seine Übereinstimmung mit dem in einer Predigt formulierten Glauben der Kirche; oder es bekundet seine Einheit mit dem Papst.
Davon strengstens zu unterscheiden ist Klatschen als Beifallsbekundung für Mitwirkende im Gottesdienst. ....

Klatschen in der Messe als Beifallsbekundung für Mitwirkende
(Abschnitt 47.11 der Instruktion):
Der heiligen Kongregation ist zu Ohren gekommen, dass in den Gottesdiensten bisher meist nur den kirchenmusikalischen Darbietungen Beifall gezollt wird. Dies darf jedoch nicht so bleiben! Aus Gründen der christlichen Gerechtigkeit ist es geboten, dass nicht nur die Kirchenmusik mit Beifall belohnt wird, sondern auch den anderen Mitwirkenden an der Liturgie das gebührende Zeichen des Dankes und der Verehrung gezeigt wird. Denn es entsteht sonst eine wahrhaft zu beklagende Ungleichheit, wenn nur einige Teile des Volkes Gottes des Beifalls für würdig befunden werden, andere jedoch nicht. Deshalb ordnet die heilige Kongregation folgendes an:
Immer dann, wenn beabsichtigt ist, einer Gruppe von Mitwirkenden oder einzelnen Mitwirkenden an der heiligen Liturgie zu danken (z.B. dem Chor), dann sind in diesem Fall auch die anderen zu beklatschen (im Sinne einer wahrhaft christlichen Gleichheit und Katholizität, d.h. alle und alles umfassend). So sind am Schluss eines Gottesdienstes (je nach Vorhandensein) mit Beifall zu bedenken: Küster/Sakristan,

Ministranten, Lektoren und Kommunionhelfer, Zelebrant, Diakone und Konzelebranten, Prediger, Organist, Kantor, Kirchenchor, die Kollekteneinsammler (hier könnte jeweils auch die Höhe der eingegangenen Kollekte bedacht werden), sowie jene Gemeindemitglieder, die besonders laut und eindringlich mitgesungen und mitgebetet haben. Hinsichtlich des Kirchenchores ist zu bedenken, ob nicht auch die einzelnen Stimmlagen-Gruppen (Alt, Tenor usw.) im Einzelnen zu benennen sind. Gegebenenfalls sollten sich sogar alle Mitwirkenden im Augenblick ihrer Benennung der Gemeinde zeigen und den Beifall mit der üblichen Ehrerbietung entgegennehmen, das heißt einer tiefen Verneigung vor der Gemeinde, die ja die Hauptperson des Gottesdienstes ist und zu deren Ehre alle Mitwirkenden sich eingesetzt haben. Etwaige Gesangssolisten sind in jedem Fall der Gemeinde verpflichtend zwecks Beifall zu präsentieren.
Beifall verdienen naturgemäß auch jene Kinder, die ein Stück innerhalb der hl. Messe aufführen, oder: wenn diese das Ergebnis ihres parallel stattgefundenen Kindergottesdienstes anschließend der Erwachsenengemeinde vorstellen. Hier ist nach dem Credo ein eigener, neuer Teil der hl.Messe einzufügen, der sich „Darstellung der Kinder“ nennt.

Der zelebrierende Priester hat als Leiter des Gottesdienstes die einzelnen Mitwirkenden am Schluss zu benennen und den Vorgang so zu gestalten, dass die Gemeinde dies als eindeutige Aufforderung zum Beifall versteht. Der Beifall für den Zelebranten ist vom etwaigen mitwirkenden Diakon herbeizuführen, ansonsten durch den ältesten der Ministranten.

Von Beifallsbekundungen auszunehmen ist derjenige liturgische Mitwirkende, der sich dies vor der Messe ausdrücklich verbittet, und der glaubhaft bezeugen kann, dass er seinen liturgischen Dienst *nur zur höheren Ehre Gottes* versieht. Die heilige Kongregation legt Wert darauf, dass auch eine solche, althergebrachte Einstellung – ausnahmsweise – noch ihren Platz in der Liturgie haben muss.
Die heilige Kongregation kann das Bestreben verstehen, wenn eine Gemeinde im Grunde nach jedem Lied, Gebet oder Orgelstück Beifall geben möchte, besteht aber auf der Regelung, den Beifall nur am Schluss, gewissermaßen „in toto“ und „summa summarum“ zu erteilen.

Theologie des Beifalls (Abschnitt 08.15 / Auszug):
Mit dem Klatschen für Darbietungen in der hl. Messe geschieht ein wahrhaftes Aggiornamento. Denn hier findet der Gottesdienst feiernde Mensch einen Teil seiner Lebenswelt wieder (z.B. Verhaltensweisen in Fernseh-Shows u.a.) und er wird von der schwierigen Arbeit befreit, einen Unterschied zwischen dort und hier zu setzen. Die hl. Messe wird durch den Beifall und andere zeitgenössische Neuerungen gewissermaßen auf die Ebene des normalen Lebens gesetzt. Das ist jene Inkulturation, die sich viele erwünschen. Außerdem stärkt das Klatschen das „Wir“-Gefühl (also die Communio) und gibt auch dem ansonsten unbeteiligt Mitfeiernden

das Bewußtsein und die Möglichkeit, jederzeit aktiv eingreifen zu können (actuosa participatio - im modernen Sinne gesehen)

Die heilige Kongregation begrüßt diese neue, in den Gemeinden entstandene Sitte auf das Nachdrücklichste! Es zeugt von einem wirklich zeitgenössischen Verständnis der Liturgiereform, wenn jener veraltete Gedanke abgelegt worden ist, nach dem ein jeder Mitwirkender seinen Dienst nur zur höheren Ehre Gottes tut (Ad Majorem Dei Gloriam) und deswegen sein Mitwirken keines Beifalls bedarf. Nach diesem alten Denken bedurfte eine jedwede Beteiligung am hl.Werk der Messe auch keines Beifalls, weil jedes Tun sich damals – wie der Weihrauch – sozusagen nach oben bewegte, und damit aufstieg zum Vater aller Dinge, dem unser Lob gebührt und für den wir die Feier begehen. Der eigentlich Beifall Zollende wäre nach diesem alten Modell Gott selbst gewesen, der sich bei seinen Kindern dafür bedanken würde, dass man ihn durch die Feier der hl. Messe und durch Gebet und Gesang lobt. Die heilige Kongregation ist sich allerdings der Obskurität dieses Gedankens voll bewusst.
Das neue Modell sieht eindeutig die Gemeinde als Empfängerin einer jeden Darbietung und folgt damit dem Gemeinde- und Gottesdienstverständnis, das sich nach dem 2.Vatikanischen Konzil urplötzlich entwickelt hat. Die überzogene vertikale Ausrichtung der Messfeier früherer Zeiten findet hier ihre typisch neuzeitlich-horizontale Entsprechung.

Daher hat die Gemeinde eine wahre Pflicht zum Beifall geben.

Gegeben zu Rom ....am Fest des hl.Plausibilius

„Wo immer Beifall für menschliches Machen in der Liturgie aufbricht, ist dies ein sicheres Zeichen, dass man das Wesen der Liturgie gänzlich verloren und sie durch eine Art religiös gemeinter Unterhaltung ersetzt hat"

Joseph Kardinal Ratzinger / Benedikt XVI.

Nach-Wort

Wenn die **ZEIT** kommt
wird uns der **GEIST** unerhörte
WIDER-
WORTE in den
Mund legen

Printed by Books on Demand GmbH, Norderstedt / Germany